6주 보육실습 길잡이

6주 보육실습 길잡이

성영화 · 한주희 공저

동문사

들어가는 글

2016년, 보육실습 교과목 담당 교수로 학생들을 가르치기 시작했다. 학과 운영 방식에 있어서 필수로 이수하는 교과목이 아니라 학생 스스로 선택하여 수강하는 교과목이었던 보육실습이다 보니, 어떤 해에는 40명이 넘는 학생들을 지도했고, 또 어떤 해에는 20명이 넘는 학생들을 지도했다. 유보통합, 아동학대 등 다양한 사회적 상황이 보육실습 교과목을 이수하는 학생의 수에 영향을 미친다는 사실을 몸소 경험했다. 코로나 19 바이러스가 확산되던 때에는 보육실습 교과목에서 진행하는 현장 보육실습을 어린이집에서 실시하는 직접 실습과 간접 실습으로 병행하여 운영했다. 여러 해 동안 보육실습 교과목을 지도해 왔지만, 동일했던 보육실습 교과목 지도는 한 번도 없었다.

오랜 시간 보육실습 교과목을 담당하다 보니, 이제는 능숙한 지도 모습을 기대하게 된다. 그러나 보육실습 교과목을 지도하는 것은 여전히 쉽지 않다. 물론 처음 보육실습 교과목을 지도했을 때만큼의 혼란은 없지만, 교과목을 지도할 때마다 새로운 문제 상황과 마주하고, 이를 해결해야 한다. 아마, 보육실습 교과목을 운영해 본 적 있는 교수자라면, 다른 교과목에 비해 보육실습 교과목에서 해야 할 업무나 신경 써야 하는 부분이 많다는데 공감할 것이다. 이 또한 학과의 사정에 따라 다르겠지만 말이다.

특히, 현장에서 실시하는 보육실습은 더욱 그렇다. 보육실습 교과목은 이론 보육실습과 현장 보육실습으로 운영된다. 현장 보육실습은 학기 중에 개설된 보육실습 교과목을 수강하는 연속선상에서 운영하는 방법이 가장 이상적이다. 이렇다보니 여건이 된다면, 학기 중에 현장 보육실습을 실시하는 대학도 있고, 보육실습 대신 유치원에서의 교육 실습으로 대체하는 학교도 있다.

그러나 대학에서 학기 중에 현장 보육실습을 실시하는 것은 쉽지 않다. 다른 교과목의 출석 인정 여부를 해결해야만, 그나마 학기 중에 실시할 수 있기 때문이다. 현장 보육실습 시, 출석을 인정받지 못한다면 학기 중 보강을 실시해야 하며 이 또한 결코 쉽지 않다. 유치원 교육실습은 학기 중인 5월에 실시하는 경우가 다수이며, 동시에 출석 인정은 문제되지 않는다. 즉, 유치원

교육실습과 현장 보육실습은 다르다. 실제적으로 대학에 따라 보육실습 교과목을 이수하기 직전이나 직후 방학에 실시하는 경우도 있다. 대학마다 운영방식이 다르다. 내가 지도했던 보육실습 교과목에서 현장 보육실습은 교과목을 이수하기 직전 방학에 실시되었다. 3학년 겨울방학 때 현장 보육실습을 하고, 4학년 1학기에 보육실습 교과목을 이수하였다. 그러다 보니, 처음에는 현장 보육실습을 준비하고, 이후 보육실습 교과목을 지도하는 방향성을 잡는데 어려움이 있다. 이 책은 다음의 질문에서 시작하였다.

'실습생에게 현장 보육실습을 어떻게 준비하도록 도울 것인가?'
'현장 보육실습을 마친 실습생들에게 학기 중에
교과목 지도를 어떻게 할 것인가?'

현장 보육실습을 위해, 오리엔테이션을 여러 차례 실시했지만 반복되는 질문이 있었다. 자칫 잘못하면, 보육실습을 하고도 보육교사 자격증을 취득하지 못할까 하는 걱정에 학생들은 비슷한 질문을 하곤 했다. 그래서 보육실습을 진행할 때 알고 있어야 하는 이야기를 담아 책을 집필하기로 했다. 현장 보육실습을 하기 전, 이 책을 통해 보육실습에 관한 기초 지식을 습득하며 그 부담을 줄여주고 싶었다. 현장 보육실습을 하며 궁금한 점을 스스로 찾아 해결하는 데 도움을 주고 싶었다. 현장 보육실습을 마친 다음에는 그동안의 과정을 되짚어 보며 보육실습을 정리하고, 반성적으로 사고하며 전문성을 갖춘 보육교사로 성장하기를 바랐다.

이러한 기대감으로 오랜 시간 고민 끝에 책을 집필하기 시작했다. 이 과정에서는 실습생(학생)들의 질문을 떠올리며, 답변하는 형태로 집필하였다. 물론 보육실습 교과목에서 다루어야 하는 모든 내용을 담도록 노력하였다. 그 내용은 실습생 스스로 그 내용을 쉽게 파악하도록 친절하며, 구체적으로 기술하였다.

보육실습에 관한 기본적인 안내서가 될 6주 보육실습 길잡이 책은 전체 4부로 구성되어 있다. 1부는 보육실습 준비하기이다. 1부에서는 보육실습을 준비하는 단계에서 알아야 하는 가장 기초적인 내용을 소개하며, 보육실습 기준을 살펴보았다. 2부는 보육실습 실행하기이다. 실제 6주간 보육실습을 실시할 때, 적용되는 내용으로 주요한 보육실습 과정과 일지 작성을 안내하였다. 3부는 보육실습 평가하기이다. 보육실습을 마친 후, 진행되는 보육실습 평가의 내용을 담았다. 4부는 보육실습 마무리하기이다. 4부에서는 보육실습 후에 진행하는 보육교사 자격 취득 과정에 관해 살펴보았다. 또한 그동안 보육실습을 지도하며, 실습생들이 자주 했던 공통적인 질문에 대한 답을 제시하였다.

더불어 이 책은 보육실습 교과목을 이수하고자 준비하는 예비실습생을 염두에 두고 하나하나 안내하였다. 이와 함께 보육교사를 준비하려는 예비보육교사, 보육실습에 관심을 기울이거나 현장 보육실습을 준비 중인 예비보육교사도 모두 고려하여 집필하였으므로, 두루 활용해 보기를 바란다.

이 책에서 다루는 보육실습은 현장 보육실습을 말하며 이를 줄여 보육실습으로 나타냈음을 밝힌다. 현장 보육실습을 잘 수행하기 위해, 알아야 하는 이론 보육실습을 담고 있으므로 참고하기를 바란다. 또한 **책이 출판된 이후에도 보육실습의 법적 기준은 변경될 수 있으므로, 보육실습을 시작하려는 시점에서의 기준을 찾아보기를 바란다. 학교나 학과마다 보육실습의 운영 방법이 다를 수 있으니, 본 책의 내용은 참고 자료로 활용하기를 바란다.**

저출생의 영향으로 폐원을 결정하는 어린이집이 늘고 있고, 보육교사를 꿈꾸며 자격증을 취득하는 사람도 줄고 있다. 이런 상황에서 보육실습으로 현장 실습 교과목인 이 책을 출판하는 것은 결코 쉽지 않았다. 그래서 책을 출판하도록 기꺼이 편집과 제작에 애써준 동문사 출판사 분들에게 더욱 고마움을 느낀다. 보육실습을 마친 모든 실습생이 보육교사 자격증을 취득하여 좋은 보육교사로 어린이집에서 근무하며 그 꿈을 실현해 가기를 바란다.

2024. 06. 27

대표 저자 성영화 올림

차 례

2부 보육실습 실행하기

4부 보육실습 마무리하기

1부

보육실습 준비하기

보육실습이란 무엇일까?
보육교사 자격증을 취득해야 할까?
보육실습을 해도 될까?
보육실습 교과목은 어떻게 이수해야 할까?

꼬리에 꼬리를 무는 질문들,
이에 대한 답을 찾아보자.

1장

보육실습을 해야 할까?

소소한 이야기

질문자: 보육교사 자격증을 취득해야 할까요?

교사: 영유아를 좋아하나요? 영유아 교육에 관심이 있나요? 그렇다면, 보육교사 자격증을 취득해 보세요.

질문자: 유아교육과를 졸업 하면, 유치원 정교사 자격증을 취득하게 됩니다. 그래도 보육교사 자격증을 취득해야 할까요?

교사: 3~5세의 모든 유아는 영아기를 거쳐 발달해요. 보육교사 자격증을 취득하는 과정에서 이수한 교과목이나 보육실습은 영아기에 관한 내용을 담고 있어요. 이후 유아를 이해하는 데 도움이 됩니다.

질문자: 유보통합이 되어도 보육교사 자격증을 취득해야 할까요?

교사: 현재 유보통합의 방향이 지속적으로 논의되고 있어요. 유보통합을 떠나 유치원 정교사 자격증뿐 아니라 보육교사 자격증이 있으면 든든하다는 느낌이 들어요.

질문자: 보육교사 자격증 취득을 위해 무엇을 해야 할까요?

교사: 보육 관련 교과목을 이수하고, 어린이집에서 보육실습도 해야 해요.

질문자: 보육실습은 힘들지 않을까요?

교사: 신체적으로, 심리적으로 힘들 수 있어요. 그래도 영유아를 보면 다시 힘을 내어 보육실습을 마칠 수 있어요. 어린이집이라는 공간에서 또 다른 배움을 해 나가는 기회가 됩니다.

보육교사 자격증을 취득하려는 사람의 수가 점점 줄고 있다. 그러나 여전히 보육교사 자격증 취득에 관심을 가지는 사람들을 블로그나 카페의 글을 통해 찾아볼 수 있다. 보육교사 자격증 취득의 필수 과정인 보육실습을 들여다본다.

Q01 보육실습이란 무엇일까?

'보육실습은 실습생으로 하여금 유아교육기관에서 실제를 경험하며, 현장 실무 능력을 익히는 기회이다'

실습이란 무엇일까? 사람들은 흔히 그동안 대학(또는 양성기관)에서 학습한 내용을 바탕으로 현장에서 실제를 경험한다는 의미에서 실습이라는 단어를 사용한다. 실습 전에 실시하는 학습은 대학에서 구성한 교육 과정에 따라 이루어진다. 교육과정은 전공 필수 교과목으로 전공자가 모두 이수해야 하는 교과목이 있는가 하면, 전공 선택 교과목으로 개인의 필요와 수강 여건에 따라 택하여 이수하는 교과목도 있다. 각 교과목에 따라 어느 정도 학습을 마친 다음에서야 실습이 가능하다. 이러한 이유로 각 대학에서는 졸업하기 전 학기나 그 전전 학기에 실습을 실시한다.

간호사가 되기 위해서 간호학 실습을 해야 하고, 사회복지사가 되기 위해서 사회복지현장실습을 해야 하는 것처럼, 보육교사가 되기 위해서는 보육실습을 해야 한다. 보육실습은 실습생으로 하여금 유아교육기관에서 실제를 경험하며, 현장 실무 능력을 익히는 기회이다. 보육실습이 가능한 유아교육기관은 어린이집과 종일제로 운영하는 유치원을 포함한다. 다만, 보육의 본질적 가치 측면에서 본다면 보육실습은 어린이집에서 그 실제를 경험할 때, 그 현장을 더욱 잘 이해할 수 있다. 실습생이 보육실습의 과정에서 경험하는 실제는 다음과 같다.

- 어린이집의 하루 일과
- 영유아의 놀이 관찰, 구성, 실행
- 영유아의 활동 관찰, 구성, 실행
- 영유아와 상호작용
- 보육실습일지의 작성

- 각종 계획안 및 서류의 작성
- 보육교직원과 관계 형성
- 어린이집의 환경 구성
- 부모 및 지역사회와 연계
- 행사 운영

실습생은 어린이집에서의 실제를 직접적으로 경험하며, 그 실무 능력을 익힌다. 이 과정에서 실습생은 대학에서 배웠던 이론을 적용하거나 확장하는 기회를 가진다. 보육실습 과정을 통해 배워가는 구체적인 실무 능력은 다음과 같다.

- 어린이집의 하루 일과 별 교사의 역할(환경 준비, 상호작용 등)
- 영유아의 놀이 실행에 따른 교사의 상호작용 방법, 발달에 적합한 놀이 구성
- 영유아의 활동 실행에 따른 교사의 상호작용 방법, 발달에 적합한 활동 구성
- 여러 가지 상황에서 영유아와 언어적·비언어적으로 상호작용하는 방법
- 보육실습일지 작성을 통해 보육일지의 내용 작성 방법과 유의점 이해
- 각종 계획안의 내용 작성 방법과 편집 방법 파악
- 보육교직원과 관계 시, 유의할 점 이해
- 영유아의 놀이와 발달을 지원하는 환경 구성
- 부모 및 지역사회 연계 활동 시 주의할 점 이해
- 행사 계획에 따른 주의점 이해

실습생은 보육실습으로 어린이집과 관련한 여러 가지 실무 능력을 익힌다. 이러한 보육실습은 교과목을 개설하고 있는 대학에 따라 그 상황이 다르다. 전공 필수로 모든 학생에게 졸업 전에 반드시 수강하도록 하는 대학이 있는가 하면 전공 선택으로 개인의 필요에 따라 선택하여 수강하도록 안내하는 대학도 있다.

보육실습을 선택하는 실습생은 보육의 의미를 돌이켜 보며, 마음의 준비를 한다. 보육실습을 시작한 실습생은 보육실습을 하기 전과 매우 다른 경험을 하게 된다. 주로 강의를 들으며 대학을 다니던 삶의 패턴이 보육실습으로 완전히 달라진다. 즉, 보육실습의 시작은 규칙적인 생활패턴으로의 변화이며, 보육실습을 하는 6주 동안은 그 패턴을 반복한다. 보육실습에 적응하는 과정에서 건강상의 어려움을 겪기도 한다.

또한 보육실습을 하기로 마음을 굳힌 실습생이라면, 보육실습을 끝까지 마쳐야 한다. 교실에서 이루어지는 보육실습에 따라, 영유아는 학생 선생님을 맞이한다. 보육실습 지도 교사는 실습생을 지도하는 새로운 역할을 수행해야 한다. 보육실습의 수행 및 마무리는 그러한 영유아와 보육실습 지도교사와의 암묵적인 약속을 지키는 과정이다.

한 번이라도 보육실습 실시 여부를 고민해 보았다면, 보육실습을 재고해보기를 바란다. 한 번이라도 보육실습이 망설여졌다면, 보육실습을 해야 할지를 숙고해 보기를 바란다. 보육실습을 나갈 준비를 마치고 보육실습을 시작하기 직전에 포기하는 경우를 종종 본다. 이 경우는 보육실습을 실시하는 데 따르는 불안과 보육실습을 시작하므로 다른 무언가를 포기해야 하거나 미루어야 하는 것에 따르는 망설임으로, 보육실습을 할 충분한 준비가 되어 있지 않음을 말해준다.

보육실습을 하기로 결정했다면, 보육실습을 꼭 하고 싶다! 보육실습을 꼭 해야 한다! 는 생각으로 준비하기를 바란다. 보육실습은 기쁘고 보람되며 행복한 순간도 있지만 힘들고 울고 싶은 순간도 있기 때문이다. 이러한 심리적 상태는 다른 실습에서도 마찬가지일 것이다.

확인해요

질문	보육실습을 통해 특히 배우고 싶은 현장 실무 능력은 무엇인가요?
답변	
질문	보육실습을 통해 배운 현장 실무 능력은 무엇인가요?
답변	
질문	보육실습의 선택에 따른 만족도는 어떠한가요?
답변	

Q02 보육실습의 목적은 무엇일까?

'보육실습은 실습생으로 하여금 보육교사로서의 역할과 자질을 함양하는 데 그 목적이 있다'

보육실습은 현장 실무 능력을 익히는 기회이다. 앞서 Q01에서 살펴본 것처럼 실습생은 보육실습을 통해 보육교사에게 필요한 기본적인 업무를 배운다. 결국에는 보육실습을 경험한 실습생은 보육교사에게 요구되는 역할과 자질을 함양한다.

보육교사의 역할은 매우 다양하다. 대상에 따라 그 역할이 달라진다. 영유아, 보육교직원, 부모처럼 대상에 따라 수행해야 하는 보육교사의 역할이 다르다. 또한 보육교사의 역할은 해야 할 업무에 따라 달라진다. 예를 들어, 담임 반 영아를 위한 놀이를 계획할 것인지 또는 어린이집 행사를 계획할 것인지에 따라 달라진다. 구체적으로 보육교사의 역할을 살펴보면 다음과 같다.

- 영유아를 보호하기
- 영유아를 교육하기
- 보육교직원과 협력하기
- 부모와 협력하기
- 지역사회와 협력하기

또한, 보육실습은 실습생으로 하여금 보육교사에게 요구되는 자질을 함양하도록 지원한다. 보육교사로 지녀야 하는 바람직한 자질은 다음과 같다.

- 개별 영유아를 존중하기
- 개별 영유아에게 민감하게 반응하기
- 개별 영유아에게 일관되게 반응하기

- 보육교직원을 평등하게 대하기
- 부모를 믿고 소통하기
- 지역구성원과 적극적으로 협력하기

보육실습을 잘 수행한 실습생은 보육교사의 역할과 자질을 함양한다. 이러한 경험은 보육교사로 그 업무를 수행하는 데 자신감을 가지도록 지원한다.

보육실습을 마친 실습생은 다음과 같이 말한다.

"보육교사가 대단하다고 생각했어요. 모든 업무를 다 해내야 했어요."
"놀이 중심 교육과정이 무엇인지를 배웠어요."
"안전사고에 더 민감해져야 한다고 느꼈어요."
"하나씩 자세히 실습지도를 해 주셨어요. 성장하는 기회가 되었어요."
"어린이집에서의 식사 시간은 정말 행복했어요."
"보육교사직에 관해 긍정적으로 생각하게 되었어요."
"유치원 대신 어린이집에 취업할지를 고민하게 되었어요."

보육실습의 목적 달성 여부나 그 정도는 개별 실습생마다 다르다. 그러나 보육실습을 경험한 실습생은 보육교사를 더 이상 사회적 시선으로만 바라보지 않는다. 실습생은 보육실습이라는 자신의 경험으로 바람직한 보육교사상을 정립한다.

확인해요

질문	실습을 하며, 경험한 보육교사의 역할은 무엇인가요?
답변	
질문	실습을 하며, 경험한 보육교사의 바람직한 자질은 무엇인가요?
답변	

Q03 누가 보육실습을 할까?

'보육교사 자격증 취득을 희망하는 사람은 꼭 보육실습을 해야 한다'

어린이집에 가보면, 이름표를 달고 있는 한 사람이 눈에 띈다. 바로 실습생이다. 다른 보육교사들처럼, 앞치마를 하고 있어 유심히 살펴보지 않으면 모르고 자칫 지나갈 수 있다(물론 앞치마를 하지 않는 보육교사도 있다). 이름표를 보는 순간, 실습생으로 학생 선생님임을 금방 알아차린다.

실습생은 앞치마를 한 자신의 모습에 다소 어색함을 느낀다. 이것도 잠시, 앞치마에 달린 이름표를 보며 실습생으로 무한한 책임감을 가진다. 물론 이름표를 하지 않는 실습생도 있다. 실습생 이름표를 제작하지 않은 대학이거나 안전의 문제로 이름표를 부착하지 않도록 안내한 어린이집의 경우에 실습생은 이름표를 달지 않는다. 그럼에도 부모나 영유아와 눈이 마주쳤을 때, 조금 긴장한 듯 보이거나 서툰 행동을 하는 모습에서 실습생임을 직감하게 된다.

어린이집에서는 학기 초에 오리엔테이션을 통해 1년을 함께 할 보육교사와 보조교사를 소개한다. 그러다 보니 익숙하지 않은 낯선 얼굴에서 자녀가 말해 준 학생 선생님을 떠올리는 부모도 있다. 이처럼 우리는 어린이집에서 보육실습을 하고 있는 실습생을 보게 된다.

왜 이들은 보육실습을 하고 있을까? 실습은 그 자체만으로 걱정과 부담을 동시에 안겨준다. 보육실습도 마찬가지다. 보육실습을 통해 영유아를 만난다는 기대보다 잘 해 낼 수 있을지에 관한 걱정이 앞선다. 그럼에도 보육실습을 해야 하는 이유는 무엇일까? 아주 간단하다. 보육실습을 해야 보육교사 자격증을 취득할 수 있고, 보육교사 자격증을 소지해야 어린이집에서 근무할 수 있기 때문이다.

교사라는 직업을 선택하기 위해서는 교원자격증을 취득해야 한다. 국공립 교육기관이든, 사립 교육기관이든 상관없이, 교원자격증이 있어야 학생들을 가르칠 수 있다. 이러한 교원자격증을 취득하기 위한 과정에서는 학교현장실습을 반드시 거쳐야 한다. 유치원 교사만 하더라도 전공과 교직 교과목을 이수하여 일정 학점 이상을 취득해야 하고, 그 과정에서 교육실습을 반드시 수행해야 한다. 이 과정을 온전히 마친 실습생은 유치원 정교사 2급 자격증을 취득할 자격을 갖추게 된다. 유치원 정교사 자격증이 있어야 유치원에서 유아를 교육하고 지도할 수 있다.

보육교사도 마찬가지다. 어린이집에서 근무하는 보육교사는 1급, 2급, 3급에 해당하는 보육교사 자격증을 가지고 있어야 한다. 대학에서 그 과정을 이수한 실습생은 보육교사 2급 자격증을 취득할 수 있다. 이 자격증을 취득하기 위해서는 이론 보육실습과 현장 보육실습으로 구성된 보육실습 교과목을 이수해야 한다. 즉, 보육교사 자격증을 취득하려고 희망하는 사람은 누구도 예외 없이 보육실습을 꼭 해야 한다.

여기서 그리고 앞으로 안내하는 보육실습은 주로 현장 보육실습을 의미한다. 교과목으로의 보육실습과 구분하여 이해하기를 바란다.

확인해요

질문	보육교사 자격증을 취득하려는 이유는 무엇인가요?
답변	
질문	보육교사 자격증을 취득한 후, 보육교사직을 선택할 의사는 있나요?
답변	

Q04 어떤 마음으로 보육실습을 해야 할까?

'실습생은 보육실습의 전 과정을 인내할 수 있는 사람이어야 한다'

보육실습은 어린이집에서 실습을 수행하는 것으로 생각한다. 즉 현장에서 이루어지는 실습만을 떠올린다. 그러나 실질적으로 보육실습은 준비 단계, 실행 단계, 평가 단계로 순차적으로 진행된다. 어린이집에 가서 직접 보육실습을 수행하기 위한 전후 과정이 필요하다. 어느 한 단계라도 제대로 진행하지 않으면, 보육실습을 마치고도 마음속 한켠에 아쉬움이 남는다. 원활한 보육실습을 위해서 매 단계마다 알아야 하는 지식이 있으며, 다짐해야 하는 마음가짐도 있다.

보육실습 준비 단계에서는 실습에 필요한 제반 사항들을 하나씩 마련한다. 실습할 뜻을 전하는 보육실습 신청서 제출, 실습할 어린이집의 선정, 학교에서 어린이집으로 보육실습 공문 전송 등 보육실습을 나가는 데 필요한 준비가 이루어진다. 이로써 대학, 실습생, 어린이집 간의 보육실습을 진행하는 데 필요한 협의가 이루어진다. 이 단계에서 실습생은 다음과 같이 말한다.

"어린이집에서 영아를 만날 생각에 많이 떨립니다.
빨리 실습을 나가고 싶어요."
"지각을 하지 않을 수 있을까요? 영유아가 제 말을 안 들으면
어떡하죠? 그저 걱정뿐이에요."

보육실습 실행 단계에서는 어린이집에서 6주간 보육실습을 실시한다. 어린이집에서 제공한 각 주차별 계획에 따라, 영유아 관찰, 수업, 환경 구성을 실행한다. 보육실습을 실시하며, 실습생은 보육교사에게 필요한 기본적인 소양을 익힌다. 이 단계에서 실습생은 다음과 같이 이야기한다.

"선생님께서 잘 지도해주시고, 유아도 저를 반겨 줘요. 점심식사가 정말 맛있어요. 보육실습을 끝까지 잘 마칠 수 있을 것 같아요."
"수업 준비를 정말 열심히 했는데…. 영아가 관심을 가져주지 않아서 속상했어요."

보육실습 평가 단계에서는 6주간 진행한 보육실습을 정리하며 마무리한다. 보육실습 평가를 통해, 보육 및 보육교사를 올바로 이해하고, 예비보육교사로 바람직한 보육교사상을 정립한다. 이 시기 실습생은 보육실습을 회상하며 다음과 같이 말한다.

"보육실습을 하며, 보육에 관한 잘못된 인식을 깰 수 있어서 좋았어요."
"매일 일찍 일어나 지각하지 않으려고 하다 보니, 체력적으로 많이 힘들었어요. 포기하고 싶은 적도 있었어요."

실습생은 보육실습을 준비하고 실행하며 평가하는 각 단계에서 복합적인 정서 상태를 경험한다. 즉, 보육실습은 실습생에게 보람, 성취, 희망 등 긍정적 정서를 느끼게 함과 동시에 힘듦, 고통, 속상함 등 부정적 정서도 느끼게 한다. 어느 정서 상태가 더 크고 작은가 또는 긍정적 정서가 부정적 정서를 상쇄하는가에 따라 보육실습의 완성은 달라진다.

따라서 보육실습의 전 과정을 인내할 수 있는 사람이 보육실습을 해야 한다. 실습생은 힘든 순간을 잘 대처하며, 성장할 수 있어야 한다. 그러나 보육실습을 하는 동안 마음먹은 순간부터 전혀 생각지 못한 상황에 부딪힌다.

"보육실습지를 정하기 위해 10곳이 넘는 어린이집에 전화를 했지만 모두 거절했어요."
"보육실습일지를 작성하는 방법을 익히느라 너무 힘들었어요."

실습생은 문제 상황과 마주하고 이를 해결하며 보육실습을 해나가야 한다. 그 과정에서 심리적 갈등은 계속된다. 단지 보육교사 자격증을 취득하기 위해서 보육실습을 하는 것이 아니라 마음을 잘 다지며 단단해질 준비가 되었을 때, 보육실습을 해야 한다. 그래야만 실습생은 보육실습의 전 과정을 마칠 수 있다.

확인해요

질문	준비 단계에서부터 평가 단계까지 보육실습을 잘 수행할 마음의 준비가 되었나요?
답변	
질문	보육실습을 준비하며 현재의 마음 상태는 어떤가요?
답변	
질문	보육실습을 실행하며 마음 상태는 어떤가요?
답변	
질문	보육실습을 평가하며 마음의 상태는 어떤가요?
답변	

Q05 보육실습과 보육실습 교과목은 다를까?

'보육실습 교과목을 이수하기 위해 현장 보육실습을 해야 한다'

보육실습이라고 하면, 흔히들 어린이집에서 실시하는 실습을 떠올린다. 보육실습의 주 무대는 학교가 아니라 어린이집이며 그 무대에서 주인공은 교수자와 학생이 아니라 보육교사, 영유아, 그리고 실습생이다. 이러한 보육실습을 다르게 표현하면, 현장 보육실습이라고 부른다. 현장 보육실습을 실시하는 것은 보육실습 교과목을 이수해야 하고, 보육실습 교과목을 이수해야 보육교사 자격증을 취득할 수 있기 때문이다.

보육실습 교과목은 현장 보육실습과 이론 보육실습으로 구성된다. 현장 보육실습은 말 그대로 어린이집에서 6주 30일 동안 실습을 수행하는 것이다. 물론 종일반을 운영하는 유치원에서도 현장 보육실습을 운영할 수 있다. 현장 보육실습의 중요성은 유아교육기관이라는 현장에서 하루 8시간 동안 영유아를 보호하고 교육하며 실제를 경험한다는 데 있다. 이러한 현장 보육실습은 유아 관찰 및 실습이나 교육봉사보다 실습생의 참여 범위가 넓어진다. 앞서 말했듯 이 책에서는 현장 보육실습을 보육실습으로 줄여 설명하고 안내한다.

이론 보육실습에서는 보육실습에 관한 기초 이론을 다룬다. 구체적으로 이론 보육실습에서는 보육실습의 개념 및 목적, 보육실습의 법적 기준, 보육실습 절차, 보육실습 하루 일과, 표준보육과정, 영유아 놀이관찰, 유아 활동 등 보육실습을 하는 데 필요한 기본적인 지식을 안내한다.

보육실습 교과목 이수는 이론 보육실습을 우선 학습한 다음에 현장에서 진행하는 보육실습으로 이루어진다. 순차적으로 진행되는 것이 이상적이다. 그러나 대학교육과정 운영에 따라서는 현장 보육실습을 한 다음에 이론 보육실습을 실시하며, 그동안의 보육실습 과정을 정리하기도 한다.

앞으로 이야기할 보육실습(현장)은 보육실습 교과목을 이수하기 위한 과정으로 보아야 한다. 또한 보육실습 교과목의 수강은 보육교사 자격증을 취득하는 필수 교과목임을 상기한다. 이 이외에도 보육교사 자격증 취득에 필요한 필수와 선택 교과목이 있으니 참고하기를 바란다. 이러한 교과목 이수는 대학 입학 연도에 따라 다르고, 유사교과목 인정 여부 또한 보육교사 자격기준 변경에 따라 달라지니, 반드시 보육교직원 통합정보 사이트를 방문하여 확인해 본다.

영역	교과목
가. 교사 인성	보육교사(인성)론, 아동권리와 복지
나. 보육 지식과 기술	보육학개론, 보육과정, 영유아발달, 영유아교수방법론, 놀이지도, 언어지도, 아동음악(아동동작, 아동미술), 아동수학지도(아동과학지도), 아동안전관리(아동생활지도)
	아동건강교육, 영유아사회정서지도, 아동문학교육, 아동상담론, 장애아지도, 특수아동이해, 어린이집 운영 관리, 영유아보육프로그램 개발과 평가, 보육정책론, 정신건강론, 인간행동과 사회환경, 아동간호학, 아동영양학, 부모교육론, 가족복지론, 가족관계론, 지역사회복지론
다. 보육 실무	아동관찰 및 행동연구, 보육실습

출처: 보육교직원 통합정보(2024). 보육교직원 보육 관련 과목.
https://chrd.childcare.go.kr/ctis/index.jsp에서 인출함

보육 실무에 해당하는 보육실습 교과목은 이론 보육실습과 현장 보육실습으로 총 15주 동안 실시한다. 보통 보육실습 교과목은 3학점으로 이루어져 있다. 보육실습 교과목은 어린이집 평가서를 포함한 평가 요소에 따라 B 학점 이상을 취득했을 때, 보육실습 교과목을 이수했다고 인정한다. 만약 B 학점 이상이 되지 않는다면, 법적 기준을 충족하는 어린이집에서 보육실습을 했더라도, 보육교사 자격증을 취득할 수 없다.

확인해요

질문	보육실습을 나갈 만큼, 보육에 관한 교과목을 충분히 이수했나요?
답변	
질문	보육실습 전후로 보육실습 교과목을 이수했나요?
답변	

2장

보육실습 인정 기준은 따로 있을까?

소소한 이야기

질문자: 어린이집에서 보육실습을 하고, 보육 관련 교과목을 이수하여 학점을 취득하면 보육교사 자격증을 문제없이 취득할 수 있나요?

교사: 대체로 문제없이 보육교사 자격증을 취득할 수 있어요. 그러나 자격증을 취득하는 과정에서 보류되는 경우도 있답니다.

질문자: 어떤 경우에 보육교사 자격증을 바로 취득하지 못하고 보류되나요?

교사: 보육실습 확인서의 내용이 잘못 기재되어 있거나 법적 기준을 충족하지 않은 어린이집에서 보육실습을 했을 때에는 보류될 수 있어요.

질문자: 보육실습 확인서의 내용이 잘못 기재되는 사례가 있나요?

교사: 실습생 이름이 잘못 기재되어 있거나 대학명이 잘못 적혀 있기도 합니다. 대학명을 대신해 어린이집 명이 적혀 있는 경우입니다.

질문자: 보육실습에 준하는 법적 기준이 따로 있나요?

교사: 네. 법적 기준이 있습니다.

질문자: 그럼 법적 기준이 충족하는 어린이집에서 보육실습을 했음에도 보육교사 자격증 취득이 보류된다면, 어떻게 해야 하나요?

교사: 보육교사 자격증을 담당하는 기관에 보육실습 일지를 제출하여 심의를 받기도 합니다. 보육교사 교과목 이수가 부족하다면, 이마저도 어려울 수 있습니다.

어린이집에서 보육실습을 했으니, 당연히 보육실습을 인정받아 문제없이 보육교사 자격증을 취득할 수 있다는 생각은 착각이다. 보육실습이 가능한 어린이집은 법적으로 그 기준을 정하고 있다. 그 기준을 충족하지 않은 어린이집에서 보육실습을 했다면 보육실습을 인정받을 수 없고, 보육교사 자격증도 취득할 수 없다. 그러니 꼼꼼히 확인하자.

Q06 몇 주 동안 보육실습을 해야 할까?

'보육실습은 6주 30일 동안 실시해야 한다'

보육실습은 6주 동안 실시해야 한다. 매일 매일 6주 동안 보육실습을 실시하면 6주×5일로 총 30일을 보육실습을 하게 되는 것이다. 만약, 6주간 보육실습을 했지만 30일 동안 보육실습을 하지 않았다면, 보육실습을 온전히 실행했다고 보기 어렵다. 따라서 보육실습은 30일 동안 진행되어야 한다는 점을 기억해야 한다.

6주 동안 보육실습을 하다 보면, 보육실습 기간 내에 국가공휴일을 포함하는 경우가 있다. 예를 들어 신정, 설날, 3·1절, 어린이날, 석가탄신일, 현충일, 광복절, 추석, 개천절, 한글날, 크리스마스는 국가에서 정한 휴일이다. 1년 중 7월과 11월을 제외한 대부분의 달에는 이러한 국가공휴일이 있다. 이 외에도 대체공휴일, 근로자의 날(보육교사의 경우), 선거일 등은 휴일로 지정된다. 보육실습을 하는 중에 국가공휴일을 포함한 휴일이 정해지면, 이날을 제외하고 보육실습을 실시해야 하며, 그 일수는 총 30일이 되어야 한다. 그러다 보면 30일 동안 보육실습을 했지만, 실습을 실시한 전체 주는 6주를 넘어 7, 8주로 기록되기도 한다. 예를 살펴본다.

○○○○년도 5월 달력						
일	월	화	수	목	금	토
1	2 (실습 시작일)	3	4	5 (어린이날)	6	7
8	9	10	11	12	13	14
15	16 (석가탄신일)	17	18	19	20	21
22	23	24	25	26	27	28
29	30	31				

○○○○년도 6월 달력						
일	월	화	수	목	금	토
			1	2	3	4
5	6 (현충일)	7	8	9	10	11
12	13	14	15	16	17	18
19	20	21	22	23	24	25
26	27	28	29	30		

보육실습을 시작한 날짜를 5월 2일로 정해보자. 그다음, 보육실습을 마치는 날짜를 살펴본다.

① 6월 10일: 6주 27일 ( )
② 6월 15일: 7주 30일 ( )

이 보육실습은 6월 15일에 끝나야 한다. 보육실습을 시작하면, 매일 출근부를 작성한다. 출근부에 서명된 날을 하루씩 세었을 때, 30일이 되어야 하는 것이다. 전체적으로 30일간 보육실습을 직접 수행해야 한다. 30일 동안 보육실습을 하는 만큼, 매일 작성한 보육실습 일지도 30일 분량이어야 한다.

확인해요

질문	6주 이상의 보육실습을 계획했거나 실시했나요?
답변	
질문	30일간의 보육실습을 계획했거나 실시했나요?
답변	
질문	실시한 보육실습 기간과 출근부에 서명한 기간은 동일한가요?
답변	
질문	실시한 보육실습 기간과 보육실습 일지의 분량은 동일한가요?
답변	

Q07 비연속적으로 보육실습을 했을 때, 인정받을 수 있을까?

'보육실습은 연속적으로 실시해야 한다'

보육실습은 연속적으로 실시해야 한다. 토요일, 일요일, 국가공휴일, 대체휴일을 제외하고 연속적으로 보육실습을 해야 한다. 매주 월, 화, 수요일만 보육실습을 하거나 매주 금요일 또는 매주 토요일마다 보육실습을 수행한 경우는 인정받지 못한다. 보육실습은 정해진 기간 내에 연속적으로 실시되어야 한다.

그러나 보육실습을 진행하다 보면, 의도치 않게 보육실습을 하지 못하는 경우도 있다.

- 보육실습 기간 중 건강 이상으로 병원을 다녀온 경우
- 보육실습 기간 중 전염병에 걸려 격리를 해야 하는 경우
- 보육실습 기간 중 어린이집의 가정 체험학습기간이 포함된 경우
- 어린이집 상황으로 일시적으로 휴원하는 경우

공휴일이 아님에도 부득이한 상황으로 보육실습을 연속적으로 하지 못했다면, 이를 증빙하는 서류를 준비한다. 예를 들어, 건강과 관련한 문제로 보육실습을 하지 못한 날은 병원 진료 확인서를 준비한다. 가정 체험학습을 포함하여 어린이집 상황으로 보육실습을 하지 못한 날은 이 내용과 날짜가 담긴 가정통신문이나 공문을 준비한다. 준비한 증빙 서류는 보육교사 자격증을 신청할 때, 함께 제출해야 한다. 부득이한 상황으로 보육실습을 중단했음을 증빙할 수 없을 때는 연속적인 실습으로 보기 어렵다.

만약 보육실습이 중단되었다면, 하지 않은 날만큼 보육실습을 이어서 진행한다. 예를 들어, 어린이집의 가정 체험학습으로 5일 동안 보육실습이 실시되지 않았다면, 본래 예정되었던 보육실습 기간보다 5일 더 연장하여 실시해

야 한다. 실습생은 꼭 30일 동안 보육실습을 해야 한다.

보육실습은 2회로 나누어 실시할 수 있다. 예를 들어 1월에 3주(15일) 동안 보육실습을 먼저 한 후, 2주 휴식하고 2월에 3주(15일) 동안 실시하는 방법이다. 전체적으로 보육실습을 한 날을 계산하면 6주(30일)가 된다. 다만, 이 경우도 각 3주간 보육실습을 진행할 때, 각각은 연속적이어야 한다. 더불어 보육실습을 마치는 날, 챙겨 와야 하는 보육실습 확인서는 1장이 아니라 2장이어야 한다. 보육실습을 2회 나누어 실시하였으므로, 각각의 보육실습 확인서가 필요하다.

개인마다 보육실습이나 보육 관련 교과목을 이수하는 과정이 다르다. 그러다 보니, 보육교사 자격증을 취득할 때 제출하는 서류도 달라진다. 경우에 따라서는 졸업 증명서, 성적 증명서, 보육실습 확인서, 비연속 보육실습 증빙 서류(예: 가정통신문 등), 보육교사 자격 신청서, 유사교과목 확인서, 유사교과목 확인 공문, 각 유사교과목별 강의계획서를 내야 한다. 보육교사 자격증을 신청하고자 할 때, 제출해야 하는 서류가 적을수록 실습생은 심적 부담을 들 수 있다. 보육실습을 1회 6주 30일간 연속적으로 한다면 조금 더 마음의 부담을 덜 수 있다는 것이다.

확인해요

질문	국가공휴일을 제외하고 연속적으로 보육실습을 계획하거나 실시했나요?
답변	
질문	비연속적으로 보육실습을 했을 때, 필요한 서류는 챙겼나요?
답변	

Q08 하루 몇 시간 동안 보육실습을 해야 할까?

'보육실습은 하루 8시간 동안 해야 한다'

보육실습은 하루 8시간 동안 실시해야 한다. 하루 8시간보다 적은 시간 동안 보육실습을 하면 보육실습을 한 것으로 인정받지 못한다. 또한 하루 8시간을 초과하더라도 8시간만 인정된다. 이에 따라 보육실습 시간은 하루 8시간×30일로 총 240시간을 해야 하고 이를 준수해야 한다.

대게의 경우 보육실습은 다음의 시간대에 운영된다.

① 오전 9시부터 오후 5시까지 총 240시간 실시
② 오전 9시부터 오후 6시까지 총 270시간 실시

①은 보육실습 법적 기준에 따라 보육실습 시간을 준수한 경우이다. 하루 8시간 동안 보육실습을 실시하는 가장 보편적인 방법이다. ②는 하루 총 9시간 동안 보육실습을 실시한 경우이다. 이는 하루 8시간 동안 보육실습을 해야 하는 법적 기준을 초과한다. 각 어린이집에서는 근로자인 보육교사에게 하루 1시간의 휴게시간을 보장해야 한다. 이 기준에 따라 실습생에게도 8시간의 실습시간과 1시간의 휴게시간을 제공하면, 9시간의 보육실습이 가능해진다. 물론 실습생의 휴게시간에 대한 운영은 어린이집마다 다르다. 과거 보육실습은 휴게시간 여부와 관련 없이 오전 9시부터 오후 6시까지 실시되었으므로, 이를 그대로 따르는 어린이집도 있다. 이러한 보육실습 시간을 준수했는지에 관한 여부는 출근부나 보육실습확인서를 통해 알 수 있다.

기억해야 하는 또 한 가지가 있다. 하루 언제든 8시간 동안 보육실습을 하면 모두 인정 가능한 것은 아니라는 사실이다. 보육실습은 오전 9시부터 오후 7시까지 이 시간 내에 8시간을 실시해야 한다. 오전 9시 이전에 실시한 보육실습이나 오후 7시 이후에 실시한 보육실습은 인정받지 못한다.

보육실습 확인서나 출근부에 8시 30분부터 보육실습을 시작하여 4시 30분에 마친 것으로 기재해서는 안 된다. 보육실습 확인서나 출근부에 기재된 보육실습 시간은 일치해야 한다.

확인해요

질문	보육실습은 오전 9시에 시작했나요? 오전 8시 30분에 시작하지 않았나요?
답변	
질문	보육실습은 오후 7시에 마쳤나요?
답변	
질문	하루 8시간 동안 보육실습을 했나요?
답변	
질문	보육실습 확인서의 보육실습 시간과 출근부의 보육실습 시간은 일치하나요?
답변	

Q09 보육실습을 할 수 있는 어린이집은 어디일까?

'보육실습 조건을 충족하는 어린이집은 어린이집 평가제에서 A, B 등급을 받고, 정원이 15명 이상이어야 한다.'

보육실습은 어린이집뿐 아니라 종일제를 운영하는 유치원에서도 가능하다. 다만, 보육실습과 교육실습을 모두 경험한 실습생의 이야기를 빌어 표현하자면, 두 곳은 다르다. 두 유아교육기관 모두 놀이를 중심으로 한 영유아 중심의 교육과정을 운영한다. 그러나 보육실습과 교육실습을 모두 경험한 실습생은 두 유아교육기관을 다르다고 말한다. 그러니, 어린이집을 올바로 이해하고, 보육교사로 역할과 자질을 함양하기 위한 목적으로 실시하는 보육실습은 어린이집에서 실시해야 한다. 그래야 실습생은 보육교사에게 요구되는 실무능력을 익힐 수 있다.

보육실습이 가능한 어린이집의 조건이 있다. 먼저 어린이집은 어린이집 평가제에서 A, B 등급을 받았거나 어린이집 평가인증제를 통해 유지 중인 곳이어야 한다. 한국보육진흥원은 기존의 어린이집 평가인증제를 2019년부터 어린이집 평가제로 변경하여 실시하고 있다. 따라서 현재 보육실습을 실시하는 어린이집은 어린이집 평가제를 받은 곳이어야 한다.

어린이집 평가제는 질적으로 더 좋은 보육환경을 영유아, 부모, 보육교직원에게 제공하고자 실시된다. 이에 따라, 어린이집 평가제에서는 각 어린이집의 놀이를 포함한 보육과정, 보육환경, 교사와 영유아의 상호작용, 보육교사의 근무 환경 등을 평가한다. 어린이집 평가를 실시한 이후, 각 어린이집은 A, B, C, D 등급을 받는다. A, B 등급을 받은 어린이집은 3년 후 재평가를 실시하고, C, D 등급을 받은 어린이집은 2년 후 재평가를 받아야 한다.

보육실습은 어린이집 평가제에서 A, B 등급을 받은 어린이집에서 실시한다. 이러한 법적 기준의 마련은 조금 더 질적으로 우수한 보육실습 어린이집을 선택하도록 하는 데 있다.

또한 보육실습이 가능한 어린이집의 정원은 15명 이상이어야 한다. 여기서는 어린이집 정원과 현원을 구분해야 한다. 어린이집 정원은 구청과 같은 담당 기관에서 처음 어린이집을 인가받을 때 정해진 영유아의 인원수를 말한다. 어린이집의 면적 등을 고려하여 수용 가능한 어린이집 정원이 결정된다. 어린이집 인가증을 보면, 보육 정원이 적혀 있다. 어린이집 정원을 보면, 대략적인 반편성을 예상할 수 있다. 보육 정원이 적은 어린이집은 영아반을 위주로 편성하거나 가정어린이집일 가능성이 있다.

현원은 현재 어린이집을 다니기 위해 등록한 영유아의 수를 말한다. 현원을 살펴보면, 정원 대비 재원 중인 영유아의 수를 파악할 수 있다. 정원이 100명이 넘는 어린이집이지만 실제 현원이 50명이 채 되지 않는다면 어린이집의 개원 시기가 얼마 되지 않았거나 원아 모집에 어려움을 겪는 지역에 위치해 있을 가능성이 있다.

따라서 보육실습이 가능한 어린이집은 현재 등록된 영유아들의 수가 아니라 인가받은 정원임을 기억한다. 다만, 보육실습을 하다 보면 건강 문제로 어린이집에 오지 못하는 영유아가 있다. 특히 겨울에 보육실습을 진행할 경우 보육실습 계획에 따라 부분 수업을 준비했지만 영유아의 건강 문제로 제때 실행하지 못하기도 한다. 따라서 보육실습이 가능한 정원 기준을 참고하되, 현원 또한 고려해 보기를 바란다.

확인해요

질문	보육실습 어린이집의 평가제 등급은 무엇인가요?
답변	
질문	보육실습 어린이집의 평가제 인정 시기는 언제까지인가요?
답변	
질문	보육실습 어린이집의 정원은 몇 명인가요?
답변	
질문	보육실습 어린이집의 유형은 무엇인가요?
답변	

Q10 누가 실습생을 지도할까?

'보육실습 지도교사는 보육교사 1급 자격증을 가지고 있어야 한다'

보육실습을 지도해 주는 보육교사는 반드시 보육교사 1급 자격증을 취득한 사람이어야 한다. 보육교사 1급 자격증을 취득할 예정인 사람은 보육실습을 지도할 수 없다. 보육실습을 시작하기 전에 보육실습 지도교사가 보육교사 1급 자격증이 있는지, 그 여부를 반드시 확인한다.

보육교사 1급 자격증을 취득하는 다수의 경로는 보육교사 2급 자격증을 취득한 후 3년의 보육 관련 경험과 승급 교육을 받았을 때이다. 따라서 보육교사 1급 자격증을 가진 보육실습 지도교사는 보육과 관련한 그동안 업무 경력을 바탕으로, 실습생을 지도할 수 있다고 본다.

또한 보육실습 지도교사는 3인 이내의 실습생을 지도해야 한다. 한 명의 보육교사가 많은 수의 실습생을 지도한다면, 원활히 보육실습을 지도하는 데 어려움이 야기된다. 따라서 보육실습 지도 교사는 3인 이내의 실습생 지도를 원칙으로 한다. 이 조건을 준수했는지에 관한 여부 또한 보육실습 확인서를 통해 살펴볼 수 있다.

보육실습 지도교사의 기준은 앞서 살펴본 두 가지이다. 이는 법적 기준에 해당한다. 즉, 이 조건이 충족되지 않으면 보육실습을 한 것으로 인정받지 못한다.

그러나 보육실습을 하며, 실습지도 교사와 실습생이 갈등을 겪는 경우를 볼 수 있다. 실습지도 교사가 실습생의 언행으로 힘들어하거나, 반대로 실습생이 실습지도 교사의 지도 방식으로 힘들어한다. 실습지도 교사와 실습생 상호 간의 의사소통이 적절하게 이루어지지 않는다면, 서로 힘든 6주간의 보육실습을 하게 된다. 따라서 보육실습 지도는 법적 기준을 충족하는 것 이외의 사항에도 관심을 기울여야 한다.

확인해요

질문	보육실습 지도교사의 자격증은 무엇인가요?
답변	
질문	보육실습 지도교사는 동일 실습 기간 내에 3명 이내의 실습생을 지도했나요?
답변	

3장

보육실습을 하려면 무엇을 준비해야 할까?

소소한 이야기

질문자: ○○대학교 유아교육과 ☆☆☆입니다. □□ 어린이집에서 보육실습을 하고 싶어서 연락 드렸습니다.

원장: 보육실습은 가능합니다. 일단, 보육실습 공문을 보내주면, 면접 후 결정하겠습니다.

질문자: 언제까지 공문을 발송하면 될까요?

원장: 10월 1일까지 공문을 보내주세요.

질문자: 면접을 보러 언제 어린이집을 방문하면 될까요?

원장: 10월 8일에 어린이집으로 오시면 됩니다.

질문자: 무엇을 준비해서 갈까요?

원장: 그냥 오시면 됩니다.

보육실습 조건을 충족하는 어린이집을 정확히 이해했다면, 본격적으로 보육실습을 준비해야 한다. 순차적으로 보육실습을 준비하며, 꼼꼼히 챙겨야 하는 서류가 있다. 하나씩 유심히 살펴보며, 점점 더 다가오는 보육실습을 준비해 본다.

Q11 보육실습을 꼭 하고 싶은가?

'실습생은 보육실습 희망 여부를 확실히 결정한다'

보육실습을 준비하며, 실습 가능한 어린이집 조건을 꼼꼼히 살펴보아야 한다. 어린이집에서 보육실습을 했지만, 법적 기준을 충족하지 않는다면 보육실습을 인정받지 못하기 때문이다. 이뿐만이 아니다. 보육실습을 실행하다 보면, 감동의 순간뿐 아니라 좌절감을 느끼는 시간도 찾아온다. 보육실습을 준비하며 꿈꾸었던 그 생각대로 보육실습이 진행되지 않는다. 보육실습을 무사히 마쳤더라도, 보육교사 자격증 취득에 필요한 보육 교과목을 충분히 이수하지 못했거나 잘못 이수한 경우에는 그토록 바라던 보육교사 자격증을 취득하지 못한다.

보육실습의 전 과정이 순탄하면 좋겠지만, 실습생은 적어도 한 번쯤 또는 그 이상 갈등과 고민의 시간을 가지게 된다. 이 순간을 잘 해결해 나가 보육교사 자격증을 취득하기 위해서는 보육실습을 잘 이수하여 보육교사 자격증을 취득하겠다는 강한 의지를 보여야 한다. 따라서 보육실습에 대한 자신의 의지를 살펴 보육실습 희망 여부를 확실히 결정한다.

보육실습에 대한 강한 의지로 모든 과정을 무사히 마치고, 결국에는 바라던 보육교사 자격증을 취득한다. 보육교사 자격증을 취득하자마자, 보육교사로 영유아와 함께하기 위해 어린이집에 올린 보육교사 채용 공고문을 보며 지원을 한다. 그러나 여러 가지 이유로 보육교사 자격증을 사용하지 않는 경우를 보게 된다. 어렵게 취득한 보육교사 자격증이고, 각 어린이집에서는 보육교사를 뽑기 위해 수시로 공채를 내지만, 보육교사로 근무하지 않는다.

갈수록 보육교사 자격증을 취득하는 그 수가 줄고 있다. 그 이유는 다음과 같다.

- 저출생으로 폐원하는 어린이집의 증가
- 보육교사 자격증 취득에 필요한 대면 수업 강화
- 보육교사 자격증 취득을 위한 보육실습 기준 강화
- 보육교사의 처우개선 문제
- 보육 및 보육교사를 바라보는 불편한 사회적 시선

실습생은 보육실습을 마쳤음에도, 보육교사로 취업을 결정하는 데 또 고민을 한다. 보육실습을 하거나 보육교사로 근무를 위한 고민의 시간은 계속 된다.

영유아는 우리 사회의 미래다. 이 영유아를 만나는 첫 번째 선생님은 바로 보육교사이다. 그러므로 정말 좋은 보육교사가 되어야 한다. 영유아에게 행복을 줄 수 있고, 자부심을 느끼는 보육교사가 되어야 한다. 이를 위해서는 보육실습이라는 과정을 필수로 거쳐야 한다. 그 필수의 과정을 거쳐 보육교사 자격증을 취득해야 한다. 스스로에게 물어보자.

정말 보육실습을 할 것인가?
마지막까지 최선을 다해 보육실습을 할 것인가?

각 질문을 듣고 망설임 없이 고개를 끄덕였는가? 각 질문을 듣고 바로 "네"라고 답했는가? 보육실습을 위한 마음의 준비를 해 왔다면, 그래서 보육교사가 꼭 되고 싶었다면 이 질문에 대한 답을 하는 데 고민을 하지 않았을 것이다.

확인해요

질문	보육실습을 끝까지 할 정도, 신체적으로 건강한가요?
답변	
질문	보육실습을 끝까지 할 정도, 정신적으로 건강한가요?
답변	
질문	보육실습을 끝까지 할 정도, 사회적으로 건강한가요?
답변	

Q12 보육실습 신청서는 무엇일까?

'보육실습 신청서는 보육실습을 희망한다는 의미를 담은 문서이다'

보육실습을 나가기 위해서는 가장 먼저 보육실습 신청서를 각 학과의 담당 선생님께 작성하여 제출해야 한다. 보육실습 신청서는 보육실습을 나가기를 희망한다는 표현을 담은 문서이다. 따라서 보육실습 신청서를 작성하여 제출하면, 실습생으로 보육실습을 수행하겠다는 의사를 전달받게 된다. 보육실습 신청서에 따라, 각 학과에서는 보육실습 명단을 작성하여 전체 보육실습 대상자를 파악하고, 추후 보육실습 어린이집 선정과 공문 발송 등의 단계를 진행한다.

보육교직원 통합정보(https://chrd.childcare.go.kr) 홈페이지를 방문하면, 보육실습을 하는데 필요한 각종 양식을 찾을 수 있다. 물론 이러한 양식은 예시이므로 변경 가능하다. 보육실습 신청서 예시도 제시하고 있다. 각 학과에서는 이 보육실습 신청서의 양식을 그대로 사용하거나 변경하여 사용한다.

참고할 만한 보육실습 신청서를 살펴본다. 이 또한 보육교직원 통합정보 홈페이지에서 제공하는 보육실습 신청서 예시를 학과 상황에 맞게 수정한 것이다. 본 보육실습 신청서는 실습생에 관한 개인 정보를 최소한으로 기재하도록 되어 있다. 또한 작성일 기준으로 보육 관련 이수 교과목을 하나씩 살펴 확인하도록 표를 구성해 놓고 있다. 이는 현재까지 들은 교과목을 파악하고 보육실습을 나갈 준비를 어느 정도 했는지를 파악하도록 돕고, 앞으로 보육교사 자격증 취득을 위해 이수해야 하는 교과목을 확인하도록 한다. 또한 희망하는 보육실습 기관 정보를 기재하도록 하고 있다. 그다음에는 보육실습 신청과 관련한 실습생으로의 약속을 명시한 후 서명하도록 안내되어 있다.

제시된 보육실습 신청서를 조금 더 자세히 살펴본다. 먼저 학생 정보를 기재하도록 되어 있다. 성명과 학번을 정확히 작성한 다음, 보육실습기간을 작성한다. 보육실습기간은 실제 보육실습을 진행하면서 어린이집 상황에 따라 변동되기도 한다. 즉, 보육실습을 신청할 때와 실제 수행할 때의 실습기간은 달라질 수 있다. 실습생의 핸드폰과 e-mail 주소는 연락 가능한 것으로 정확히 기재한다. 보육 관련 이수 교과목은 학과 교과목에 따라 ○, ×로 표기한다. 이수한 교과목이 기억나지 않을 경우, 성적 증명서를 보며 비교해 본다. 희망 보육실습 기관 정보는 지역 및 기관 유형을 작성한다. 마지막으로 이름을 쓰고 서명을 한다.

보육실습신청서(예시용)

학 생 정 보			
이　　름	박ㅇㅇ	학　번	20ㅇㅇㅇㅇㅇㅇ
보육실습기간	20ㅇㅇ년　04월　01일 ~ 20ㅇㅇ년　05월　13일 (연속 6주 240시간 이상)		
핸드폰	010 ㅇㅇㅇㅇ ㅇㅇㅇㅇ	e-mail 주소	mㅇㅇㅇㅇ@ㅇㅇㅇ.ㅇㅇㅇ

교과목 이수

보육관련 이수 교과목

법정 교과목명	학과 교과목명	ㅇ/×
보육교사(인성론)	보육교사론	ㅇ
아동권리와 복지	아동권리와 복지	ㅇ
보육학개론	유아교육론	ㅇ
보육과정	유아교육과정	ㅇ
영유아발달	영유아발달과 교육	ㅇ
영유아교수방법론	영유아교수방법	ㅇ
놀이지도	유아놀이지도	ㅇ
언어지도	언어지도	ㅇ
아동음악(동작/미술)	유아음악(동작, 미술)교육	ㅇ
아동수학(과학)	유아수학(과학)교육	ㅇ
아동안전관리	아동안전관리	ㅇ
아동건강교육	아동건강교육	ㅇ
영유아사회정서지도	유아사회교육	×
아동문학교육	아동문학	ㅇ
특수아동이해	특수아동지도	
영유아보육프로그램 개발과 평가	영유아프로그램개발과 평가	×
정신건강론	정신건강	×
부모교육론	부모교육	×
아동관찰 및 행동연구	아동관찰 및 행동연구	ㅇ
보육실습	보육실습	×

: 총 (　14　)개 과목 이수

희망 보육실습기관 정보	
실습 희망 지역	서울특별시 ㅇㅇ구
보육실습 희망 기관유형	① 국공립어린이집 (ㅇ)　② 사회복지 법인어린이집 (　) ③ 법인단체등 어린이집 (　)　④ 직장어린이집 (　) ⑤ 가정어린이집 (　)　⑥ 협동어린이집 (　) ⑦ 민간어린이집 (　)
기타 희망사항	없음

위 사람은 상기와 같이 보육실습을 신청함에 있어서
보육교사 자격증 취득 관련 교과목 이수 및 자격증 취득 과정 등
보육실습에 따라 발생하는 제반사항에 대해 스스로 책임 질 것을 약속합니다.

이름:　박ㅇㅇ　　(서명)

보육실습신청서(연습용)

학 생 정 보			
성　명		학　번	
보육실습기간	년　월　일 ~　년　월　일 (연속 6주 240시간 이상)		
핸드폰		e-mail 주소	

교과목 이수

보육관련 이수 교과목

법정 교과목명	학과 교과목명	○/×
보육교사(인성론)	보육교사론	
아동권리와 복지	아동권리와 복지	
보육학개론	유아교육론	
보육과정	유아교육과정	
영유아발달	영유아발달과 교육	
영유아교수방법론	영유아교수방법	
놀이지도	유아놀이지도	
언어지도	언어지도	
아동음악(동작/미술)	유아음악(동작, 미술)교육	
아동수학(과학)	유아수학(과학)교육	
아동안전관리	아동안전관리	
아동건강교육	아동건강교육	
영유아사회정서지도	유아사회교육	
아동문학교육	아동문학	
특수아동이해	특수아동지도	
영유아보육프로그램 개발과 평가	영유아프로그램개발과 평가	
정신건강론	정신건강	
부모교육론	부모교육	
아동관찰 및 행동연구	아동관찰 및 행동연구	
보육실습	보육실습	×

: 총 (　　　)개 과목 이수

희망 보육실습기관 정보	
실습 희망 지역	
보육실습 희망 기관유형	① 국공립어린이집 (　) ② 사회복지 법인어린이집 (　) ③ 법인단체등 어린이집 (　) ④ 직장어린이집 (　) ⑤ 가정어린이집 (　) ⑥ 협동어린이집 (　) ⑦ 민간어린이집 (　)
기타 희망사항	

위 사람은 상기와 같이 보육실습을 신청함에 있어서
보육교사 자격증 취득 관련 교과목 이수 및 자격증 취득 과정 등
보육실습에 따라 발생하는 제반사항에 대해 스스로 책임 질 것을 약속합니다.

이름:　　　　　　(서명)

확인해요

질문	보육실습 신청서는 정확하게 기재했나요?
답변	
질문	보육실습 신청서는 워드로 작성했나요?
답변	
질문	보육실습 신청서에 오탈자는 없나요?
답변	

Q13 보육실습을 할 어린이집은 어떤 방법으로 정할까?

'실습할 어린이집은 보육실습 조건을 충족하는 곳이어야 한다'

보육실습 신청서를 제출한 다음에는 보육실습을 나갈 어린이집을 정한다. 어린이집을 정하는 방법은 여러 가지가 있으나, 크게 두 가지로 살펴본다. 물론 이 외의 접근 방법도 있겠으나 여기서는 많이 활용되는 두 가지로 접근해 본다. 어떤 방법으로 보육실습 어린이집을 선정하든, 법적 기준을 충족하는 실습지이어야 한다는 점은 동일하다.

첫째, 보육실습 어린이집 목록을 활용한다. 보육교사를 양성하는 대학에서는 보육실습이 가능한 어린이집 목록을 관리한다. 이 어린이집 중에서 일부는 각 학과와 보육실습 협약을 맺기도 한다. 해당 어린이집 목록에서 실습을 희망하는 어린이집을 선택하여 전화로 문의한다. 실습생은 전화로 문의하기 전에, 어린이집에 관한 관련 정보를 찾아 보육실습 기관 조건의 충족 여부를 살펴본다. 이후에는 어린이집에 직접 전화를 하여 실습가능 여부를 파악한다.

둘째, 어린이집 정보 제공 웹 사이트를 활용한다. 각 지역 육아종합지원센터나 유치원 알리미 웹 사이트를 들어가면 어린이집 정보를 상세히 알 수 있다. 각 사이트에 접속한 후, 실습을 희망하는 어린이집을 찾아본다. 지역, 어린이집 유형, 어린이집 특성을 고려하여 검색해 본다면, 조금 더 빨리 보육실습을 희망하는 어린이집을 찾을 수 있다. 어린이집을 찾았다면, 그 어린이집의 정원, 평가제 등급, 정원, 현원, 보육교사 자격 등을 살펴본다. 이외에도 어린이집 반 구성이나 규모 등을 확인한다. 보육실습지로 적합한 어린이집이라면 전화를 하여 실습 가능 여부를 확인한다.

어린이집에서 실습 가능 여부를 파악하기 위해서는 먼저, 등원과 하원 시간처럼 어린이집에서 바쁜 하루 일과 시간대를 피하여 전화를 한다. 통화가 되면 다음을 이야기한다.

- 인사하기
- 자신의 이름 말하기
- 자신의 소속 말하기
- 전화를 하게 된 이유 말하기
- 보육실습 가능 여부 질문하기

전화를 했을 때, 어린이집 원장 및 교사가 실습생에게 질문을 할 수 있다. 보육실습 기간 및 보육 관련 경험 등의 질문이 이어질 때는, 이에 맞게 답변한다. 만약, 어린이집 원장의 부재로 보육실습 가능 여부에 관해서 바로 답변을 하지 않거나 어린이집 행사로 오후 시간에 다시 전화해주기를 요청받았다면, 약속한 시간에 전화를 다시 건다.

간혹, 어린이집에서 면담을 요청하는 경우도 있다. 이 경우에는 정해진 면담 시간에 늦지 않게 어린이집을 방문한다. 면담 후 보육실습 가능 여부가 결정된다.

보육실습을 할 어린이집이 결정되면, 다음의 표를 참고하여 적어본다. 실습자 정보는 실습생의 이름, 학번, 연락 가능한 전화번호, 집 주소를 적는다. 어린이집 정보는 어린이집 이름과 그 유형, 원장 성함, 주소, 전화번호, 정원, 평가인증 유지 여부 및 등급, 보육교사 1급 자격 교사 유무 및 그 수, 보육실습 기간을 작성한다. 주소는 도로명 주소를 적는다. 어린이집 정보 중에서 팩스나 이메일은 보육실습 공문을 발송할 때 사용되므로, 정확히 기재한다. 실습생은 어린이집에 관한 정보를 조금 더 상세히 기재하며, 보육실습 기관으로 적합한지를 검토하는 기회를 가진다.

보육실습생 명단(예시)

실습자 정보				어린이집 정보							
이름	학번	전화 번호	주소	이름 (유형)	원장	주소	전화번호 (팩스 또는 이메일)	정원	평가인증 유지여부	보육교사 1급자격 교사유무	실습 기간
박○○	20○○○ ○○○	010 ○○○○ ○○○○	서울 특별시 ○○구	○○ 어린이집 (국공립)	김○○	서울특별시 ○○구 ○○로	02 ○○○ ○○○○ (02 ○○○ ○○○○)	50	○	○	20○○년 04월 01일 ~ 20○○년 05월 13일

보육실습생 명단(연습용)

실습자 정보				어린이집 정보							
이름	학번	전화 번호	주소	이름 (유형)	원장	주소	전화번호 (팩스 또는 이메일)	정원	평가인증 유지여부	보육교사 1급자격 교사유무	실습 기간

확인해요

질문	보육실습 할 어린이집은 어떤 경로로 찾았나요?
답변	
질문	보육실습 어린이집으로의 적절성을 검색 정보와 전화 문의로 교차 확인했나요?
답변	
질문	보육실습 어린이집 정보는 최신의 자료로 기재했나요?
답변	

Q14 보육실습을 위한 공문도 필요할까?

'보육실습을 위해서는 어린이집에 보육실습 공문을 보내야 한다'

보육실습을 나갈 어린이집을 정한 다음에는 보육실습 공문을 보낸다. 보육실습 공문은 대학의 담당 학과에서 어린이집으로 보낸다. 보육실습 공문의 수신자는 어린이집 원장이다. 보육실습 공문의 내용은 다음을 포함한다.

- 공문 발송 목적
- 보육실습 기간
- 보육실습생 명단
- 보육실습 협조 사항

학과에서는 각 어린이집에 팩스 및 이메일로 보육실습 공문을 발송한다. 전자 공문으로 발송하므로, 실습생이 따로 확인하지 않는다. 간혹, 보육실습 기간의 변경에 따라 공문을 새롭게 요청하는 어린이집이 있다. 이 경우에는 학과에서 다시 보육실습 공문을 발송하기도 한다.

확인해요

질문	보육실습 할 어린이집에 공문이 잘 전달되었나요?
답변	

Q15 보육실습 동의서는 무엇일까?

'보육실습 동의서는 어린이집에서 실습생의 보육실습을 허락한다는 의미의 문서이다'

보육실습 공문을 보낼 때는 보육실습 동의서를 첨부한다. 보육실습 동의서는 각 어린이집에서 보육실습 공문을 읽고, 해당 실습생의 보육실습을 허락한다는 의미를 담은 문서이다. 각 어린이집에서는 보육실습 동의서를 작성한 후, 팩스로 해당 학과로 전송한다.

또 다른 방법으로 보육실습 공문 전송 후 실습생이 직접 어린이집을 방문하는 경우도 있다. 보육실습을 하기 전, 사전 보육실습을 하거나 어린이집에서 자원봉사를 한 경우를 제외하고 실습생이 보육실습을 위해 어린이집을 찾게 된다. 따라서 직접 어린이집을 방문하여 어린이집의 기본적인 부분을 확인하고 오도록 담당 학과에서는 직접 방문을 실습생에게 요청하기도 한다.

제시된 보육실습 동의서는 참고용으로 각각을 살펴본다. 먼저, 보육실습 동의서를 들고 어린이집을 방문하는 경우에는 학생 정보를 기재하여 출력한다. 보육실습 기관 정보는 각 어린이집에서 원장 및 실습지도교사가 작성한다. 이때는 정원, 평가제 등급, 보육교사 자격 조건을 기재하여 보육실습지로의 기준 충족 여부를 재확인하게 된다.

보육실습 동의서(예시)

학 생 정 보					
성 명	박○○	학번	20○○○○○○	학과	유아교육과
보육실습 기간	20○○년 04월 01일 ~ 20○○년 05월 13일 (연속 6주 240시간 이상)				
연락처	010 ○○○○ ○○○○	e-mail	m○○○○@○○○.○○○		

보 육 실 습 기 관 정 보			
기관명	○○어린이집 (정원 : 15명)	원장명	김○○
주소	서울특별시 ○○구 ○○로 우편번호) ○○○○○		
전화번호	02 ○○○ ○○○○	팩스	02 ○○○ ○○○○
평가제 유지기간	20○○년 05월 01일 ~ 20○○년 04월 30일		
평가제 등급	A		
보육실습 지도교사	이름	보육교사 1급 자격취득일	
	김○○	20○○년 03월 25일	

본 어린이집은 보육실습기관으로 다음을 충족함을 확인합니다.

- 실습학생의 실습기간 중 보육실습 평가제 A, B등급을 유지
- 현재 보육교사 1급 자격증을 취득한 보육교사에게 지도
  (1급 취득예정자는 해당 안 됨)

위 학생이 본 기관에서 보육실습을 수행함에 동의합니다.

2024년 월 일

보육실습기관 원장 : (서명 또는 인)

보육실습 동의서(연습용)

학 생 정 보					
성 명		학번		학과	유아교육과
보육실습 기간	20○○년 ○○월 ○○일 ~ 20○○년 ○○월 ○○일 (연속 6주 240시간 이상)				
연락처		e-mail			

보 육 실 습 기 관 정 보			
기관명	(정원 : 명)	원장명	
주소	우편번호)		
전화번호		팩스	
평가제 유지기간	년 월 일 ~ 년 월 일		
평가제 등급			
보육실습 지도교사	이름	보육교사 1급 자격취득일	
		년 월 일	

본 어린이집은 보육실습기관으로 다음을 충족함을 확인합니다.

- 실습학생의 실습기간 중 보육실습 평가제 A, B등급을 유지
- 현재 보육교사 1급 자격증을 취득한 보육교사에게 지도
  (1급 취득예정자는 해당 안 됨)

위 학생이 본 기관에서 보육실습을 수행함에 동의합니다.

2024년 월 일

보육실습기관 원장 : (서명 또는 인)

확인해요

질문	보육실습 동의서의 학생 정보는 워드로 미리 작성했나요?
답변	
질문	보육실습 기관 정보와 보육실습지 충족 조건을 확인했나요?
답변	

Q16 왜 보육실습을 하기 전에 오리엔테이션을 할까?

'보육실습을 하기 전, 대학이나 어린이집에서는 오리엔테이션을 실시한다'

실습생은 보육실습을 나가기 전에 대학과 어린이집에서 각각 실시하는 오리엔테이션에 참여한다. 각 기관에서 실시하는 오리엔테이션은 실습생에게 보육실습에 관한 기본적인 정보를 제공하여 보육실습을 원활하게 실시하도록 지원하는 데 그 목적을 둔다. 물론 대학이나 어린이집의 상황에 따라 별도의 오리엔테이션 없이 보육실습을 실시하는 경우도 있다.

먼저, 대학에서 보육실습 전 오리엔테이션을 하는 경우를 살펴본다. 주로 보육실습 교과목이 개설되기 직전 방학에 보육실습을 실시하는 대학의 학과라면, 실습생을 대상으로 오리엔테이션을 한다. 이러한 오리엔테이션은 보육실습 신청서를 작성할 때, 보육실습을 나가기 직전일 때 그 상황에 따라 진행한다. 오리엔테이션은 2~3회 정도 실시한다. 오리엔테이션에서 주로 다루는 내용은 다음과 같다.

- 보육실습 목적
- 보육실습 법적 기준
- 보육실습 내용
- 보육실습 하루 일과
- 보육실습 활동 및 놀이
- 보육실습 환경 구성
- 보육실습 일지 작성
- 보육실습 관련 서류
- 보육실습 평가
- 보육실습 시 주의점

- 보육실습생 역할
- 보육실습 지도

학과에서 실시하는 오리엔테이션은 실습생에게 보육실습에 관한 기초 지식을 전달하고, 바람직한 실습생의 자세를 이해하도록 지원한다. 또한 보육실습을 진행한 다음 챙겨야 하는 각종 서류에 관해 안내하여, 보육실습을 돕는다.

어린이집에서도 오리엔테이션을 실시한다. 빠르면, 보육실습을 하기 1달 전에 오리엔테이션을 실시한다. 적어도 보육실습을 하기 1~2주 전에 오리엔테이션을 한다. 어린이집에서는 오리엔테이션을 1회 정도 실시한다. 만약 오리엔테이션을 실시하지 않은 어린이집이라면, 실습을 하는 첫날 오리엔테이션을 하기도 한다. 물론 오리엔테이션 없이 보육실습을 시작하는 어린이집도 있다. 어린이집에서 실시하는 보육실습 오리엔테이션의 내용은 다음과 같다.

- 어린이집 운영 철학, 영유아관, 교사관 안내
- 어린이집 구성원 안내
- 어린이집 환경 안내
- 보육실습 주차별 일정 안내
- 보육실습 학급 영유아 명단 안내
- 보육실습 계획안 안내
- 보육실습 일지 안내
- 보육실습 하루 일과 안내
- 보육실습 준비물 안내
- 보육실습 시 주의점 안내

어린이집에서 실시하는 오리엔테이션은 보육실습이라는 전반적인 상황에 중점을 두기보다는 보육실습을 진행하는 어린이집의 정보를 제공하는 데 목적은 둔다. 더불어, 보육실습의 과정을 안내하여 실습생은 실습에 필요한 내용을 숙지하고 준비물을 챙긴다.

대학에서 실시하는 오리엔테이션이든, 어린이집에서 실시하는 오리엔테이션이든 실습생은 보육실습에 관한 궁금증을 해소하는 시간을 가진다. 이를 통해 실습생으로 가지는 불안감은 조금 줄어든다.

확인해요

질문	대학에서 보육실습 오리엔테이션을 몇 회 실시했나요?
답변	
질문	대학에서 보육실습 오리엔테이션을 실시할 때, 다룬 내용은 무엇인가요?
답변	
질문	어린이집에서 보육실습 오리엔테이션을 실시했나요?
답변	
질문	어린이집에서 실시된 보육실습 오리엔테이션은 어린이집을 이해하고 실습을 준비하는 데 도움이 되었나요?
답변	

Q17 보육실습을 위한 건강검진은 필수일까?

'보육실습 전에 반드시 건강검진을 실시한다.'

실습생은 보육실습을 나가기 전에 건강검진을 미리 받아야 한다. 보육실습을 나가면 어린이집이라는 공간에서 영유아, 보육교직원과 함께 단체 생활을 해야 한다. 건강검진을 통해, 보육실습을 하는 데 있어서 건강상에 이상이 없음을 확인받아야 하는 것이다.

만약, 건강검진에서 이상 소견이 발견되면 보육실습을 나가지 못한다. 그러므로, 보육실습을 하기 전에 건강검진을 미리 실시한다. 보육실습을 시작하는 날에 그 결과지는 어린이집에 제출한다.

확인해요

질문	건강검진 결과서는 미리 준비했나요?
답변	
질문	건강검진 결과서에 어떤 내용이 있었나요?
답변	

Q18 보육실습에 필요한 준비물은 무엇일까?

'보육실습에 필요한 준비물은 어린이집마다 다르다.'

보육실습에 필요한 준비물은 모든 실습생에게 해당하는 공통적인 사항과 개별 어린이집에서 요구하는 특수한 사항으로 나눠 볼 수 있다. 공통적인 준비물은 다음과 같다.

- 보육실습생 신상정보 문서 양식
- 출근부 문서 양식
- 보육실습 일지 문서 양식
- 각종 계획안 문서 양식
- 각종 활동 계획안 문서 양식

각 학과에서 이와 관련된 서류를 준비하면 어린이집에서는 그 문서 양식의 사용 여부를 결정한다. 각 학과에서 준 문서 양식을 그대로 사용하는 어린이집이 있는가 하면, 어린이집에서 마련해 둔 문서 양식을 사용하도록 실습생에게 지도하는 어린이집도 있다.

특수한 준비물로 이름표, 앞치마, 덧신, 개인위생 도구 등이 있다. 플라스틱 재질로 만든 이름표에는 실습생의 소속과 이름이 새겨져 있다. 어린이집을 다니는 영아의 연령이 어릴 경우, 신체적 상호작용에 따른 안전사고를 예방하고자 플라스틱 재질의 이름표를 사용하지 않도록 실습생에게 안내한다. 어떤 어린이집에서는 천 재질로 만든 이름표를 사용하도록 요청한다. 만약 이름표를 사용하는 어린이집이라고 한다면 이름표를 반듯하게 달도록 하며, 이름표 핀으로 인해 다치지 않도록 주의한다.

앞치마를 입는 어린이집과 입지 않는 어린이집이 있다. 입는 어린이집의 경우에도 실습생이 개별적으로 구입해야 하는 경우가 있는가 하면, 어린이집에서 앞치마를 제공해 주는 경우도 있다. 앞치마를 입는 어린이집이라면 실습생이 입고 벗기 편한 앞치마로 준비한다. 필기구, 펜, 물티슈 등을 넣을 수 있는 주머니 달린 앞치마라면 더 좋다.

덧신을 준비하도록 하는 어린이집도 있다. 덧신을 구입한다면 자신의 발 크기에 잘 맞아야 하고, 바닥에 미끄럼 방지가 되어야 있어야 한다.

개인위생 도구로 칫솔과 치약을 준비한다. 영유아가 점심 식사 후에 양치를 할 때 실습생도 함께 양치를 하도록 개별적으로 준비한다.

확인해요

질문	보육실습을 할 때, 어떤 준비물이 있었나요?
답변	
질문	보육실습을 위해 준비해야 할 사항은 무엇일까요?
답변	

2부

보육실습 실행하기

6주 동안 어떻게 보육실습을 할까?
어떤 수업을 할까?
보육실습 일지는 잘 작성할 수 있을까?
보육실습 일지 작성 후 피드백은 어떻게
받을까?

또다시 시작된 꼬리에 꼬리를 무는 질문들,
이에 대한 답을 찾아보자.

4장

6주 보육실습 동안 무엇을 할까?

소소한 이야기

질문자: 교육실습은 4주이지만, 보육실습은 6주를 합니다. 달라진 이유가 있을까요?

교사: 보육교사를 양성하는 데 있어서 조금 더 긴 기간 동안의 어린이집 경험이 필요하다고 보았기 때문입니다.

질문자: 6주간의 보육실습 동안 실습생은 무엇을 하나요?

교사: 영유아를 관찰하고, 수업도 진행해요. 영유아 놀이에 필요한 놀잇감을 제작하기도 합니다. 실습지도 교사를 보조하는 역할도 합니다. 수시로 영유아와 상호작용도 하게 됩니다.

질문자: 6주 동안 수업은 몇 회 실시하나요?

교사: 수업을 하는 횟수는 어린이집마다 다릅니다. 보육실습을 하는 마지막 주에 종일 수업을 거의 매일 한 실습생도 있었어요.

질문자: 6주 보육실습 동안 보육실습을 무사히 마치기 위해서는 어떤 노력을 해야 하나요?

교사: 적극적으로 보육실습을 하려는 자세가 필요합니다. 무엇보다 건강해야 합니다.

보육실습은 6주 동안 실시된다. 6주 동안 진행되는 보육실습 내용은 어린이집마다 다르다. 이에 6주의 과정을 간단히 안내한다. 제시된 순서는 하나의 예시로 절대적 기준이 아니라는 점을 참고한다. 어린이집 상황에 따라 6주간의 보육실습을 진행한다.

Q19 1주차 보육실습에서는 무엇을 할까?

'1주차 보육실습은 어린이집 생활을 참관하는 시기이다'

보육실습을 시작한 실습생에게 1주차는 참관기이다. 6주 동안 원활하게 보육실습을 진행하기 위해서 실습생은 1주 동안 어린이집 하루 일과, 영유아의 놀이 및 기본생활습관, 실습지도 교사의 상호작용 등을 직접 보며 익힌다. 이 과정을 통해 실습생은 보육실습의 과정에 적응한다. 보육실습 적응의 의미를 조금 더 들여다본다.

먼저, 실습생은 어린이집 하루 일과에 적응을 해야 한다. 실습생은 어린이집에서 이루어지는 모든 상황 즉, 등원, 오전 간식, 대소집단 활동, 놀이, 점심 식사, 낮잠, 오후 간식, 청소 등 모든 과정에 적응해야 한다. 하루 일과의 적응은 어린이집에서의 시간적 흐름에 대한 적응뿐 아니라 이에 따라 실습생으로 해야 하는 역할에 적응해야 한다는 의미를 포함한다. 만약 자유놀이 시간이라고 한다면, 실습생은 영유아의 놀이를 관찰하고, 놀이에 참여해야 한다. 즉, 실습생은 단순히 영유아의 놀이를 지켜보고만 있지 않으며 놀이에 맞는 상호작용을 해야 한다.

또한 실습생은 보육실습 일지 작성 및 영유아 관찰 기록 등 보육실습을 하며 작성해야 하는 각종 서류에 적응해야 한다. 보육교사는 어린이집에서 매일 보육일지를 작성한다. 보육일지 작성 방법은 어린이집마다 다르다. 놀이 중심의 보육과정을 운영하는 어린이집에서는 영유아의 놀이를 지원하는 방향으로 보육일지를 사용한다. 기존의 하루일과 시간 순서대로 보육일지를 작성하는 어린이집도 있지만, 이를 변형하여 사용하는 어린이집도 있다. 보육실습 일지도 마찬가지이다. 대학교에서 정한 보육실습 일지 양식에 따라 지도해주는 어린이집이 있는가 하면, 어린이집 여건에 맞게 구성한 보육실습 일지의 양식에 따라 지도하는 곳도 있다. 물론 보육실습은 어린이집을 경험하며, 관련된 실무를 익히는 기회이므로 실습 지도교사는 변화하는 어린이집 상황에 맞추어 보육실습 일지를 작성하도록 실습생을 지도한다. 따라서 실습생은 보육실습 일지 작성 방법을 익혀야 한다. 보육실습을 하기 전에 대학에서 안내하는 보육실습 일지는 하나의 예시일 뿐 어린이집에서 사용하는 보육실습 일지 양식 및 지도 방식은 매우 다양하기 때문이다.

영유아 관찰 기록도 마찬가지다. 실습생은 1주차에 영유아를 관찰하며, 영유아의 이름부터 익힌다. 영유아의 놀이를 관찰하며 선호하는 놀이를 파악하고, 친밀감을 형성한다. 매일 1명의 영유아를 관찰하도록 지도하는 어린이집이 있는가 하면, 일주일에 1명씩 관찰하도록 하는 어린이집도 있다.

실습생은 보육교사의 실습지도 방식에도 적응해야 한다. 보육교사마다 중점적으로 지도하는 내용이나 보육실습 일지 지도 방식이 다르다. 따라서 실습생은 보육교사의 실습지도 방식을 파악하며 이에 익숙해져야 한다. 보육교사와 실습생의 성향이 맞지 않는다면, 보육실습이 이루어지는 6주간은 서로에게 힘든 시간이다. 실습생과 보육교사 모두에게 긍정적인 보육실습이 될 수 있어야 하며, 이를 위해서는 보육교사의 실습지도를 살펴야 한다.

실습생은 보육실습에 적응해 가며, 영유아와 친밀감을 쌓는다. 어떤 방법으로 친밀감을 쌓을까? 먼저 실습생은 영유아의 이름을 외운다. 영유아의 이름이나 사진을 보며, 그 이름을 외우도록 노력한다. 또한 영유아가 좋아하는 것과 싫어하는 것을 찾아본다.

- 영유아의 놀이를 관찰하며, 좋아하는 놀이와 싫어하는 놀이를 알기
- 영유아의 놀이를 관찰하며, 협동 놀이와 단독 놀이 양상을 알기
- 영유아의 점심 식사 모습을 관찰하며, 좋아하는 음식과 싫어하는 음식을 알기
- 영유아의 활동 참여 모습을 보며, 좋아하는 활동과 싫어하는 활동을 알기

실습생: ○○가 □□를 좋아하는구나. 선생님도 □□를 본 적 있는데……   **유아**: 선생님도 봤어요?

다음으로, 실습생은 보육실습 지도 교사로부터 영유아에 관한 정보를 얻는다. 영유아마다 성격과 특성은 다르다. 영유아 관찰을 바탕으로 그 영유아에 관해 단정 지어 생각하기보다는 보육실습 지도교사로부터 정보를 얻어 올바로 영유아를 이해한다.

보육실습 1주차는 실습생에게 참관기이다. 참관기라고 해서 먼발치에서 영유아와 보육실습 지도교사를 지켜보고 있어야 한다는 것을 말하지 않는다. 영유아와 적당히 상호작용하고, 보육실습 지도교사의 지도에 따라 참여하며, 함께 하는 주차이다. 참관기의 의미를 보육실이라는 한 공간에서 실습생, 영유아, 보육실습 지도교사가 있다는 의미로 이해하지 않도록 실습생은 주의한다.

확인해요

질문	1주차 보육실습에서는 무엇을 경험했나요? 모두 적어보세요.
답변	
질문	1주차 보육실습 내용은 친구와 어떻게 다른가요?
답변	
질문	1주차 보육실습 내용의 적절한 방향은 무엇일까요?
답변	

Q20 2주차 보육실습에서는 무엇을 할까?

'2주차 보육실습은 보조교사로 참여하는 시기이다'

1주차에 참관기를 보내며 어린이집 생활에 적응한 실습생은 이제 2주차에 접어든다. 조금 더 익숙해진 어린이집 환경에서 실습생은 어린이집 하루 일과를 알고, 실습생으로 수행해야 할 역할도 실천한다. 영유아와 친숙해진 실습생은 함께 놀이도 한다. 보육실습 지도교사의 안내에 따라 작성한 보육실습 일지도 그 내용을 쓰고, 편집을 하는 데 익숙해져 간다. 무엇보다 실습생은 어린이집에 등원하며 자신을 찾는 영유아를 보며 힘을 얻는다.

2주차에 접어든 실습생은 보육교사에게 필요한 전문적 자질을 함양하기 위해 더욱 노력한다. 실습생은 영유아의 놀이를 관찰한다. 영유아의 놀이를 관찰하며, 놀이를 제안하거나 놀이에 참여한다. 또한 영유아의 놀이 주제에 맞는 교육활동이나 환경을 생각한다.

실습생은 보육실습 지도교사의 안내에 따라 보조교사로의 역할을 수행한다. 지도교사가 활동을 할 때 집중하지 못하는 영유아가 있다면, 활동에 참여하도록 지원한다.

대체적으로 3주차 보육실습에서는 부분 수업을 시작한다. 대학의 교육과정에서 연습했던 모의수업을 대신해 실제 영유아를 대상으로 한 수업이 실시된다. 이러한 수업을 위한 준비와 교사의 피드백은 2주차에 실시된다. 실습생은 보육교사와 이야기 나누어 부분 수업으로 진행할 활동이나 놀이를 정한다. 그다음에는 활동(놀이) 계획안을 작성한다. 이를 바탕으로 교사의 지도를 받은 다음 활동(놀이) 계획안을 수정한 후, 부분 수업을 준비한다. 부분 수업에 필요한 교수 자료가 있다면, 미리 제작한다. 부분 수업이 있는 날에 교수 자료를 제작하지 않도록 주의한다.

확인해요

질문	2주차 보육실습에서는 무엇을 경험했나요? 모두 적어보세요.
답변	
질문	2주차 보육실습 내용은 친구와 어떻게 다른가요?
답변	
질문	2주차 보육실습 내용의 적절한 방향은 무엇일까요?
답변	

Q21 3주차 보육실습에서는 무엇을 할까?

'3주차 보육실습은 영유아 부분 수업을 시작하는 시기이다'

보육실습을 시작한 지 3주차가 되면 수업을 시작한다. 1주차나 2주차부터 부분수업을 진행하는 경우도 있지만 대체적으로 3주차가 되면 수업을 시작한다. 이때는 주로 한 가지 활동이나 놀이를 계획하여 수업을 진행하는데 이를 부분 수업 또는 단위 수업이라 부른다. 부분 수업의 내용은 다음과 같다.

대소집단 활동	놀이
• 이야기 나누기 • 동화, 동시 • 동극 • 새 노래 • 신체표현 • 게임	• 언어 놀이 • 수조작 놀이 • 과학 놀이 • 미술 놀이 • 음률 놀이 • 역할 놀이 • 쌓기 놀이 • 감각탐색 놀이

보육실습을 시작한 이후, 처음으로 부분 수업을 진행하게 된 실습생은 다음을 생각한다.

'잊지 않고 부분 수업을 마칠 수 있을까?'
'영유아가 부분 수업에 관심을 보일까?'
'영유아가 계획대로 반응을 해 줄까?'

실습생은 부분 수업을 하며 생각대로 진행될 때, 안도감을 느낀다. 때로는 생각과 다른 방향으로 흘러가는 부분 수업을 보며 당혹감을 느낀다.

'이 다음에는 무엇을 해야 하지?'

'다행히 활동에 관심을 보이네.'
'빨리 끝났으면 좋겠다.'

부분 수업이 끝난 다음에 실습생의 머릿속은 복잡해진다. 정말 많은 생각이 스쳐 지나간다.

'다행히 끝났다.'
'○○이 반응해줘서 다행히 마칠 수 있었다.'
'□□가 생각과 달리 잘 참여해 주었다.'
'조금 더 잘 할 수 있었는데 아쉽다.'
'다음에는 이 부분을 더 신경 써야겠다.'

부분 수업을 경험한 실습생은 수업을 하기 전, 수업을 하는 과정, 수업을 한 후 여러 가지 심리 상태를 경험한다. 실습생은 처음으로 부분 수업을 한 날에 대학을 다니며 경험했던 모의 수업과 다르게 생각대로 진행되지 않음을 경험한다. 그러나 보육실습을 진행하며 더 많은 수업을 경험한 실습생은 부분 수업을 포함한 수업의 경험을 쌓아가며 성장한다.

확인해요

질문	3주차 보육실습에서는 무엇을 경험했나요? 모두 적어보세요.
답변	
질문	3주차 보육실습 내용은 친구와 어떻게 다른가요?
답변	
질문	3주차 보육실습 내용의 적절한 방향은 무엇일까요?
답변	

Q22 4주차 보육실습에서는 무엇을 할까?

'4주차 보육실습은 영유아 수업을 확장하는 시기이다'

4주차가 된 실습생은 이제 영유아와 많이 친숙해져 있다. 영유아의 특성을 파악하고 있을 뿐 아니라 어린이집 하루 일과도 잘 이해하며, 더 좋은 수업을 위해 고민한다.

4주차 보육실습은 실습생에게 있어서 영유아 수업 확장기이다. 3주차에 경험한 부분 수업이 4주차에서도 실시된다. 실습생은 3주차보다 조금 더 능숙하게 영유아를 위한 부분 수업을 계획한다. 보육실습 지도교사의 지도에 따라 정해진 수업을 하거나 실습생이 해보고 싶었던 수업을 실시한다. 부분 수업에 대한 준비는 3주차부터 시작되며 보육실습 지도 교사의 피드백을 받은 후 직접 영유아에게 수업을 실시한다.

물론 부분 수업 계획안 없이도 영유아와 활동을 하거나 놀이하는 경우도 있다. 예를 들어, 보육실습 지도교사가 실습생에게 그림책을 건네며 영유아에게 읽어주도록 요청했을 때는 계획안 없는 수업이 진행된다. 실습생은 그림책을 처음부터 끝까지 눈으로 읽은 다음, 영유아에게 그림책을 들려준다. 계획 없이 진행된 수업이더라도 실습생은 평소 보육실습 지도교사의 모습을 떠올리며 영유아에게 그림책을 읽어준다.

확인해요

질문	4주차 보육실습에서는 무엇을 경험했나요? 모두 적어보세요.
답변	
질문	4주차 보육실습 내용은 친구와 어떻게 다른가요?
답변	
질문	4주차 보육실습 내용의 적절한 방향은 무엇일까요?
답변	

Q23 5주차 보육실습에서는 무엇을 할까?

'5주차 보육실습은 영유아 수업을 연계하는 시기이다'

5주차 보육실습에서 실습생은 조금 더 여유를 찾는다. 여전히 적당한 긴장감으로 보육의 여러 가지 실제를 배워야 하는 시기이지만, 영유아와 상호작용을 하고, 보육실습 지도교사의 조언을 듣고 수정을 해나가는 데 있어 익숙해진다. 보육실습도 2주가 남는 시점으로, 실습생은 빠르게 지나가고 있는 보육실습을 떠 올린다.

5주차 수업에서는 연계 수업을 한다. 연계 수업은 부분 수업과 부분 수업을 이어서 실시한다는 의미이다. 예를 들어, 언어 놀이로 무지개 물고기 동화를 듣고, 미술 놀이로 무지개 물고기를 꾸미는 수업을 진행한다. 연계 수업을 해 보며, 영유아의 놀이를 지원하고 흥미를 따라가는 수업을 실시해 본다.

또한 5주차는 보육실습을 마무리하기 위한 준비를 시작한다. 보육실습을 마칠 때 제출할 서류를 확인한다. 교재교구도 보육실습 지도교사로부터 피드백을 받는다.

확인해요

질문	5주차 보육실습에서는 무엇을 경험했나요? 모두 적어보세요.
답변	
질문	5주차 보육실습 내용은 친구와 어떻게 다른가요?
답변	
질문	5주차 보육실습 내용의 적절한 방향은 무엇일까요?
답변	

Q24 6주차 보육실습에서는 무엇을 할까?

'6주차 보육실습은 수업과 실습을 마무리하는 시기이다'

6주차는 보육실습을 마무리하는 시기이다. 마무리는 여러 가지의 의미를 가진다. 먼저 보육실습 종일 또는 반일 수업으로 모든 수업을 마무리한다. 3주차부터 진행된 부분 수업을 시작으로 6주차에 종일 또는 반일 수업을 진행하며 모든 수업을 정리한다. 종일 수업은 영유아의 어린이집 등원부터 하원까지 실습생이 모든 과정을 이끌어가는 수업을 말한다. 반일 수업에서는 등원부터 점심 식사 시간까지의 하루 일과를 실습생이 지도한다. 실습생은 영유아의 놀이를 기반으로 한 다양한 활동 및 놀이를 계획하여 영유아를 지도한다. 교재교구 제작도 마무리한다. 보육실습을 마치며 보육실습 지도교사가 요청한 교재교구를 모두 제출한다.

실습생은 보육실습을 마무리하며 어린이집에서 실시하는 평가회에 참여한다. 어린이집 원장, 보육실습 지도교사, 다른 보육교사가 함께 참여하는 평가회에서 보육실습의 과정을 이야기 나눈다.

또한 실습생은 보육실습 관련 서류를 챙기며 마무리를 한다. 보육실습 일지뿐 아니라 보육실습 확인서, 보육실습 평가서, 보육실습 결과보고서, 보육실습비 영수증 등을 학과 운영 방침에 따라 여러 가지 보육실습 서류를 챙긴다.

보육실습을 시작한 지 30일째 되는 날에는 영유아와 인사한다. 영유아가 하원하는 시간에, 대집단으로 모여 마지막으로 인사한다. 이를 통해, 실습생은 보육실습의 마지막을 영유아와 함께한다.

확인해요

질문	6주차 보육실습에서는 무엇을 경험했나요? 모두 적어보세요.
답변	
질문	6주차 보육실습 내용은 친구와 어떻게 다른가요?
답변	
질문	6주차 보육실습 내용의 적절한 방향은 무엇일까요?
답변	

5장

보육실습 일지 파일은 어떤 내용으로 채워야 할까?

소소한 이야기

질문자: 보육실습 일지는 어떤 내용을 적어야 할까요?

교사: 하루에 있었던 일과를 정리하여 적거나 실행한 놀이에 따라 보육실습 일지를 작성해요.

질문자: 보육실습 일지는 언제 작성해야 할까요?

교사: 보육실습 하루 일과를 마치고 매일 작성해요.

질문자: 보육실습 일지는 언제 확인받나요?

교사: 보육실습을 한 그날 오후나 그 다음날 아침에 확인해요.

질문자: 학과에서 제공해 준 보육실습 일지 양식과 다른데 어떻게 해야 하나요?

교사: 어린이집 상황에 따라 융통성 있게 보육실습 일지를 사용해요. 지도 선생님의 안내에 따라 작성해요.

실습생은 하루를 마무리하며, 보육실습 일지를 작성한다. 매일 작성한 보육실습 일지를 포함하여 추후 보육실습 일지 파일을 제출해야 한다. 보육실습 일지 파일의 목차 순서는 학교마다 다르다. 따라서 상황에 따라 융통성 있게 활용한다. 5장에서는 보육실습 일지의 파일에 넣는 양식의 예시 자료를 안내하므로 소속 학교에 개별적으로 확인하여 작성한다.

Q25 실습생 신상카드는 무엇일까?

'신상카드는 실습생에 관한 정보를 담은 문서이다'

신상카드는 실습생에 관한 개인 정보를 담은 문서이다. 따라서 신상카드를 보면, 누가 어린이집에서 보육실습을 했는지에 관한 기본 정보를 확인할 수 있다. 신상카드는 대학에서 제공하는 기본 양식이 있으나, 어린이집에서 따로 그 양식을 구비해 두는 경우도 있다. 따라서 실습생은 신상카드를 작성하기 전에, 어린이집의 보육실습 담당 교사에게 문의해 본다. 보육실습을 시작한 실습생은 신상카드를 작성하여 어린이집에 제출한다. 어린이집에서는 실습생으로부터 신상카드를 받아 보관한다. 신상카드의 내용은 크게 세 가지이다. 실습생에 관한 기본 정보, 보육 관련 경험, 개인정보 이용 동의이다.

기본 정보	보육 관련 경험	개인정보 이용 동의
• 이름 • 성별 • 생년월일 • 연락처 • 주소	• 보육 관련 교과목 이수 • 보육 관련 실제 경험(자원봉사 등)	• 실습생 정보 이용 동의 및 서명

실습생은 신상카드의 내용을 살핀 후, 워드로 작성한다. 이때 각 내용은 사실대로 정확하게 기재한다. 만약, 신상카드에 실습생의 사진을 첨부해야 한다면 비교적 최근 사진을 붙인다. 빠짐없이 작성한 신상카드는 보육실습을 시작하는 첫날, 어린이집 보육실습 담당 교사에게 제출한다. 담당 교사는 실습생의 개인정보를 보호하기 위해 신상카드를 잘 관리한다. 경우에 따라, 제출한 신상카드를 복사하여 보육실습 일지 파일에 끼워 두는 실습생도 있다.

확인해요

질문	어린이집에서 제공한 신상카드 양식을 사용했나요?
답변	
질문	신상카드의 각 내용이 정확하게 기재되었나요?
답변	
질문	신상카드에 오탈자는 없나요?
답변	

Q26 실습생 서약서는 무엇일까?

'서약서는 실습생으로 실습을 하며 발생하는 제반 사항을 준수하겠다고 스스로 다짐하며 이를 확인하는 문서이다'

실습생은 실습을 시작하며 서약서에 서명한다. 실습생 서약서는 보육실습에 충실히 임하겠다는 실습생의 약속을 담고 있는 문서이다. 실습생은 서약서에 제시된 내용을 꼼꼼히 읽으며, 보육실습과 관련한 제반 사항을 준수하겠다는 다짐을 한다.

보육실습과 관련한 제반 사항은 실습생 준수 사항이라는 문서를 통해 확인할 수 있다. 구체적으로 제반 사항에 포함되는 내용은 다음과 같다.

- 보육실습 시간 준수
- 언행 등 실습생으로 바람직한 자세 유지
- 보육 활동 실시
- 보육실습 일지 작성
- 보육실습 후, 관련 서류 제출

실습생은 준수 사항을 천천히 읽어본다. 서약서에 제시된 내용은 보육실습을 하는 과정에서 실습생이 지켜야 하는 기본 중 기본에 해당한다. 실습생은 숙지한 내용을 바탕으로 보육실습의 과정에서 바람직한 자세를 유지하려는 노력을 다해야 한다.

확인해요

질문	보육실습 서약서를 꼼꼼히 읽어보았나요?
답변	
질문	서약서에 따라 책임감 있게 보육실습을 했나요?
답변	

Q27 어떻게 어린이집 기관정보를 작성할까?

'어린이집 기관정보는 보육실습을 한 어린이집에 관한 기본 정보를 안내하는 문서이다.'

보육실습 일지에는 실습한 어린이집의 기관 정보를 적은 다음 파일에 첨부한다. 어린이집 기관 정보를 적기 위해서는 각 학과에서 제공한 문서 양식을 참고하여 실습생이 직접 기재한다. 또는 어린이집에서 제공해 주는 문서 양식에 따라 어린이집 기관 정보를 기재한다. 내용을 모두 적은 다음에는 보육실습 일지 파일에 넣는다. 때로는 실습생이 직접 작성하지 않고, 어린이집에서 출력해준 어린이집 기관 정보를 그대로 첨부하기도 한다. 조금 더 자세히 살펴본다.

먼저, 각 학과에서 제공해 주는 문서 양식은 다음의 내용을 포함한다. 실습생은 각 내용을 확인한 다음, 어린이집 실습지도 교사의 도움을 받아 각각의 내용을 작성한다.

- 어린이집 이름과 유형
- 어린이집 주소와 연락처
- 어린이집 보육교직원 및 영유아 수
- 어린이집 연혁
- 보육실습 반 실습지도교사, 영유아 수, 보육실 환경

다음으로 어린이집에서 제공해 주는 문서 양식에서는 다음의 내용을 포함한다. 실습생은 어린이집에서 출력해 준 자료를 바탕으로 각 내용을 작성한다.

- 어린이집 원훈
- 어린이집 교육 목표
- 어린이집 현황
- 어린이집 연혁
- 어린이집 환경

각 내용을 기입할 때는 보육교사 및 영유아의 개인 정보를 노출하지 않도록 주의한다. 즉, 실습생은 보육교사와 영유아의 얼굴 사진이나 이름이 드러나지 않도록 어린이집 기관 정보를 작성한다. 어린이집의 환경 사진을 첨부할 때, 특히 이러한 정보가 담기지 않도록 주의한다.

확인해요

질문	어린이집 기관 정보는 작성했나요?
답변	
질문	어린이집 기관 정보는 어떻게 다른가요?
답변	

Q28 어린이집 연간 보육계획안은 무엇일까?

'어린이집 연간 보육계획안은 어린이집마다 제공해 주는 양식을 첨부한다'

보육실습 일지 파일에 어린이집 연간 보육계획안을 첨부한다. 연간 보육계획안은 3월부터 다음 해 2월까지 어린이집에서 실시할 1년 동안의 보육을 계획한 문서이다. 어린이집에서는 연간 보육계획안에 따라 어린이집을 운영하지만, 어린이집 상황, 영유아의 놀이와 흥미에 따라 변경하여 운영한다. 연간 보육계획안을 구성하는 어린이집 있는가 하면, 구성하지 않는 어린이집도 있다. 따라서 연간 보육계획안이 있는 어린이집이라고 한다면 출력하여 보육실습 일지 파일에 끼워 둔다. 만약 연간 보육계획안이 없다면 보육실습 일지 파일에 넣지 않는다.

연간 보육계획안이 있는 어린이집에서도 그 양식은 다양하다. 연간 보육계획안의 정답은 없으므로, 실습생은 어린이집에서 활용하는 자료를 그대로 보육실습 일지 파일에 첨부한다.

연간 보육계획안

월	주제	주차	소주제
3월	어린이집과 생활	1주차	어린이집 적응
		2주차	어린이집 환경
		3주차	어린이집 친구
		4주차	어린이집 둘러보기
· ·	· ·	· ·	· ·

연간 보육계획안

월	주제	놀이 예상 주제	비고
3월	어린이집과 생활	친구와 놀이해요	입학식
· ·	· ·	· ·	· ·

연간 보육계획안

월	놀이 주제	행사	비고
3월	봄	입학식	부모상담
· ·	· ·	· ·	· ·

연간 보육계획안

월	놀이 예상 주제	인성교육	행사
3월	우리 반 친구	인사해요	입학식
· ·	· ·	· ·	· ·

연간 보육계획안

월	주제	교사의 놀이 지원	행사
3월	우리 반 친구	우리 반에 있는 여러 가지 놀이 환경을 탐색합니다~	입학식
· ·	· ·	· ·	· ·

확인해요

질문	보육실습을 한 어린이집의 연간 보육계획안의 구성은 어떤가요?
답변	

확인해요

질문	보육실습 어린이집에 따른 연간 보육계획안을 비교하며 같은 점과 다른 점을 찾아볼까요?
답변	

확인해요

질문	연간 보육계획안을 구성해 볼까요?
답변	

Q29 어린이집 월간 보육계획안은 무엇일까?

'어린이집 월간 보육계획안은 어린이집마다 제공해 주는 양식을 첨부한다'

보육실습 일지 파일에는 월간 보육계획안을 첨부한다. 월간 보육계획안은 한 달 동안 진행되는 보육 및 보육활동에 대한 보육교사의 예상 기록이다. 월간 보육계획안은 기본적으로 어린이집 연간 보육계획안을 참고하여 작성한다.

월간 보육계획안은 어린이집마다 그 양식이 다르다. 양식이 다르니 양식에 따라 담기는 내용도 다르다. 실습생은 보육실습 지도 교사가 출력해서 준 월간 보육계획안을 보육실습 일지 파일에 보관한다. 만약, 월간 보육계획안을 작성하지 않는 어린이집이라면 파일에 넣지 않는다. 어린이집에서 사용하는 월간 보육계획안 양식의 예를 살펴본다.

월간 보육계획안

<table>
<tr><td colspan="2">주제</td><td colspan="6">더워요</td><td colspan="3">반명</td><td colspan="3">토끼반</td></tr>
<tr><td colspan="2" rowspan="3">목표</td><td colspan="6" rowspan="3">더운 여름을 경험한다.
물놀이를 즐긴다.</td><td colspan="6">결재</td></tr>
<tr><td colspan="2">담임</td><td colspan="2">주임</td><td colspan="2">원장</td></tr>
<tr><td colspan="2"></td><td colspan="2"></td><td colspan="2"></td></tr>
<tr><td colspan="2">주</td><td colspan="3">1주
(07.01~07.05)</td><td colspan="3">2주
(07.08~07.12)</td><td colspan="3">3주
(07.15~07.19)</td><td colspan="3">4주
(07.22~07.26)</td></tr>
<tr><td rowspan="3">일상
생활</td><td>수유/
이유식</td><td colspan="6">■ 음식은 꼭꼭 씹어요</td><td colspan="6">■ 앉아서 먹어요</td></tr>
<tr><td>낮잠</td><td colspan="6">■ 음악을 들으며 낮잠을 자요</td><td colspan="6">■ 이불을 덮고 낮잠을 자요</td></tr>
<tr><td>기저귀
갈이</td><td colspan="6">■ 기저귀를 갈아요</td><td colspan="6">■ 배변을 해요</td></tr>
<tr><td rowspan="5">실내
자유
놀이</td><td>신체</td><td colspan="3">■ –</td><td colspan="3">■ –</td><td colspan="3">■ –</td><td colspan="3">■ –</td></tr>
<tr><td>언어</td><td colspan="3">■ –</td><td colspan="3">■ –</td><td colspan="3">■ –</td><td colspan="3">■ –</td></tr>
<tr><td>감각탐
색</td><td colspan="3">■ –</td><td colspan="3">■ –</td><td colspan="3">■ –</td><td colspan="3">■ –</td></tr>
<tr><td>쌓기</td><td colspan="3">■ –</td><td colspan="3">■ –</td><td colspan="3">■ –</td><td colspan="3">■ –</td></tr>
<tr><td>역할</td><td colspan="3">■ –</td><td colspan="3">■ –</td><td colspan="3">■ –</td><td colspan="3">■ –</td></tr>
<tr><td colspan="2">바깥놀이
(대체놀이)</td><td colspan="3"></td><td colspan="3"></td><td colspan="3"></td><td colspan="3"></td></tr>
<tr><td colspan="2">행사</td><td colspan="3"></td><td colspan="3"></td><td colspan="3"></td><td colspan="3"></td></tr>
</table>

확인해요

질문	내가 보육실습을 한 어린이집의 월간 보육계획안의 구성은 어떤가요?
답변	

확인해요

질문	보육실습 어린이집에 따른 월간 보육계획안을 비교하며 같은 점과 다른 점을 찾아볼까요?
답변	

확인해요

질문	월간 보육계획안을 구성해 볼까요?
답변	

Q30 어린이집 주간 보육계획안은 무엇일까?

‘어린이집 주간 보육계획안은 어린이집마다 제공해 주는 양식을 첨부한다’

실습생은 어린이집 주간 보육계획안을 보육실습 일지 파일에 넣어 보관한다. 어린이집 주간 보육계획안은 다가올 한 주간의 보육계획을 미리 작성한 것으로, 보육교사는 이를 참고하여 보육을 실시한다. 어린이집 주간 보육계획안을 작성할 때는 영유아의 놀이 흐름을 고려하고 연간, 월간 보육계획안도 참고한다. 따라서 실습생이 어린이집 주간 보육계획안을 받는다면, 앞으로 실시된 보육을 살펴 준비할 수 있다.

주간 보육계획안을 작성하는 어린이집이 있는가 하면, 작성하지 않는 어린이집도 있다. 작성하지 않는 어린이집에서는 주간 보육계획안을 대신하여 한 주의 놀이 흐름을 적어 각 가정으로 보낸다. 즉, 영유아가 어린이집에서 경험한 놀이를 적고, 보육교사가 지원했던 내용도 담는다. 이후 놀이를 확장하도록 지원할 내용을 담아 작성한다. 주간 보육계획안 또한 어린이집에서 제공해주는 대로 출력하여 보육실습 일지 파일에 첨부한다.

주간 놀이계획안

<table>
<tr><th colspan="3">결재</th></tr>
<tr><th>담임</th><th>주임</th><th>원장</th></tr>
<tr><td></td><td></td><td></td></tr>
</table>

<table>
<tr><th colspan="2">주제</th><td colspan="2">여름</td><th>반명</th><td colspan="2">토끼반</td></tr>
<tr><th colspan="2">놀이 주제</th><td colspan="2">물 놀이를 해요</td><th>교사의 기대</th><td colspan="2">여러 가지 여름 물놀이를 하며 건강한 여름을 보낸다.</td></tr>
<tr><th colspan="2">요일</th><td>월(7월 1일)</td><td>화(7월 2일)</td><td>수(7월 3일)</td><td>목(7월 4일)</td><td>금(7월 5일)</td></tr>
<tr><th rowspan="7">실내자유놀이</th><th>언어</th><td colspan="5">▪ 물놀이할 때 필요한 도구 카드를 읽어요.</td></tr>
<tr><th>수조작</th><td colspan="5">▪ 물놀이 게임을 해요.</td></tr>
<tr><th>과학</th><td colspan="5">▪ 물에 둥둥 떠요.</td></tr>
<tr><th>음률</th><td colspan="3">▪ 고기잡이 노래를 불러요.</td><td colspan="2">▪ 오션 드럼으로 연주해요.</td></tr>
<tr><th>미술</th><td colspan="5">▪ 물놀이 그림을 그려요.</td></tr>
<tr><th>역할</th><td colspan="5">▪ 계곡 놀이를 해요.</td></tr>
<tr><th>쌓기</th><td colspan="5">▪ 수영장을 만들어요.</td></tr>
<tr><th colspan="2">바깥놀이
(대체놀이)</th><td colspan="5">▪ 물 그림을 그려요.
(강당에서 물풍선을 던져요)</td></tr>
<tr><th colspan="2">안전 교육</th><td></td><td></td><td>소방대피 훈련을 해요.</td><td></td><td></td></tr>
</table>

만 2세반 주간 계획안

<table>
<tr><td rowspan="2">놀이 주제</td><td rowspan="2">친구와 사이좋게 놀아요.</td><td>반명(연령)</td><td colspan="3">토끼반(1세)</td></tr>
<tr><td>기간</td><td colspan="3">1월 21일~1월 25일</td></tr>
<tr><td>교사의 기대</td><td colspan="5">친구와 즐겁게 놀이하며 친구에게 관심을 기울인다.</td></tr>
<tr><td>날짜</td><td>21일</td><td>22일</td><td>23일</td><td>24일</td><td>25일</td></tr>
<tr><td rowspan="5">놀이</td><td colspan="5">■ 친구와 함께 그림책을 보아요.</td></tr>
<tr><td colspan="5">■ 친구와 함께 종이 벽돌 블록을 쌓아요.</td></tr>
<tr><td colspan="5">■ 친구의 다양한 얼굴 표정을 그려요.</td></tr>
<tr><td colspan="5">■ 친구와 함께 키즈카페 놀이를 해요.</td></tr>
<tr><td colspan="5">■ 친구와 손잡고 산책을 해요(대체놀이: 강당에서 친구와 함께 공을 주고받아요)</td></tr>
<tr><td>점심 식사</td><td colspan="5">■ 천천히 식사를 해요.</td></tr>
<tr><td>낮잠 시간</td><td colspan="5">■ 충분히 휴식을 해요.</td></tr>
<tr><td>안전교육</td><td colspan="5">■ 싫어라고 말해요.</td></tr>
<tr><td>가정연계</td><td colspan="5">■ 친구의 이름을 말해요.</td></tr>
<tr><td>지역사회 연계</td><td colspan="5">■ 인형극을 관람해요.</td></tr>
</table>

확인해요

질문	보육실습을 한 어린이집의 주간 보육계획안의 구성은 어떤가요?
답변	

확인해요

질문	보육실습 어린이집에 따른 주간 보육계획안을 비교하며 같은 점과 다른 점을 찾아볼까요?
답변	

확인해요

질문	주간 보육계획안을 구성해 볼까요?
답변	

Q31 어떻게 출근부를 작성할까?

'출근부는 매일 작성한다'

출근부는 30일간 어린이집에 출근하여 진행한 보육실습을 확인하는 문서이다. 실습생은 매일 출근부를 작성한다. 출근부를 작성하는 방법을 살펴본다.

- 실습생 기본 정보: 학교명, 학과명, 학번, 실습생 이름을 작성한다.
- 어린이집 기본 정보: 어린이집 이름, 실습 연령, 실습 반, 실습지도 교사 이름을 작성한다.
- 보육실습 기간: 보육실습 확인서에 기재되는 보육실습 기관과 총 주차를 정확하게 기재한다.
- 실습생: 실습생이 실습생 이름을 쓰고 도장을 찍거나 서명을 한다.
- 지도교사: 실습지도 교사가 이름을 쓰고 도장을 찍거나 서명을 한다.
- 날짜: 보육실습을 한 날짜를 쓴다. 보육실습 확인서의 실습기간과 동일하게 작성한다.
- 시간: 보육실습을 한 시간을 쓴다. 보육실습 확인서의 실습 시간과 동일하게 작성한다.

출근부를 작성하며, 고려사항은 다음과 같다.

- 월요일부터 금요일까지 실습한 날짜의 요일을 맞춘다.
- 국가공휴일과 같이 실습을 하지 않은 날에는 실습을 했다는 서명을 하지 않도록 주의한다.
- 보육실습 지도 교사가 2명 이상이었다면 해당 실습지도를 받은 날의 출근부에는 해당 지도교사의 서명을 받는다.
- 출근부는 자필로 작성하고, 수정을 할 때는 화이트를 사용하지 않는다.

확인해요

질문	학교명은 올바르게 기재되어 있나요?
답변	
질문	학과명은 올바르게 기재되어 있나요?
답변	
질문	학번은 올바르게 기재되어 있나요?
답변	
질문	이름은 올바르게 기재되어 있나요?
답변	
질문	보육실습 기관은 올바르게 기재되어 있나요?
답변	
질문	보육실습 지도교사는 올바르게 기재되어 있나요?
답변	
질문	보육실습 기간은 올바르게 기재되어 있나요?
답변	
질문	보육실습 기간은 보육실습 확인서, 보육실습 일지와 일치하나요?
답변	

질문	실습한 날짜에 실습생 이름, 서명(도장)이 있나요?
답변	
질문	실습한 날짜에 보육실습 지도교사 이름, 서명(도장)이 있나요?
답변	
질문	보육실습을 하지 않은 날에 실습생 서명, 보육실습 지도교사 서명(도장)은 없나요?
답변	
질문	실습한 시간과 보육실습 확인서에 기재한 실습 시간은 일치하나요?
답변	
질문	보육실습 날짜와 요일은 올바른가요?
답변	
질문	총 30일 동안 보육실습을 했나요?
답변	
질문	30일 동안 실습생 및 보육실습 지도교사의 서명(도장)은 모두 있나요?
답변	
질문	년도, 월, 일을 잘못 기재한 부분은 없나요?
답변	

Q32 어떻게 보육실습 일지를 작성할까?

'보육실습 일지는 보육실습을 한 하루 일과를 정리하며 매일 작성한다'

실습생은 매일 보육실습 일지를 작성한다. 보육실습 일지는 보육교사들이 작성하는 보육 일지와 다르다. 특히, 놀이중심의 교육과정을 실시하면서 보육교사들이 작성하는 보육일지의 흐름이 매우 다양해졌다. 기본의 방식대로 하루 일과의 순서에 따라 보육 일지를 작성하되, 교사의 영유아 놀이 관찰을 토대로 놀이 지원 방법을 적는 어린이집이 있다. 또는 5일간의 놀이 흐름에 따라 보육 일지를 한 장에 적는 어린이집도 있다.

실습생은 보육실습 일지 양식에 따라 하루 일과를 정리하며 보육실습 일지를 작성한다. 시간 순서대로 진행된 보육실습 일지를 작성하며, 마지막에는 실습생 소감과 실습지도교사의 평가를 적는다. 보육실습 일지는 매일 작성하여 보육실습 지도 교사의 피드백을 받아야 하며, 이렇게 적은 보육실습 일지는 총 30일 분량이어야 한다.

보육실습 일지에 포함되는 하루 일과의 구성은 어린이집마다 다르다. 구체적으로 각각의 구성요소를 살펴본다.

등원 및 맞이하기

영유아가 어린이집에 등원을 하면 실습생은 영유아를 맞이한다. 어린이집 등원 시간은 개별 영유아에 따라 다르다. 영유아는 대체적으로 7시 30분부터 10시 사이에 등원을 한다. 실습생은 등원한 영유아를 웃으며 맞이한다. 오늘 날씨나 영유아의 기분에 관해 물어본다.

확인해요

질문	등원 및 맞이하기를 할 때, 보육교사의 역할 및 준비물은 무엇이었나요?
답변	

간식

영유아는 등원 후 간식을 먹는다. 등원하는 순서에 따라 간식을 먹는 어린이집이 있는가 하면, 반의 영유아들이 대부분 등원한 다음에 간식을 먹는 어린이집도 있다. 간식으로 죽, 과일 등이 나온다. 어린이집에서 간식시간은 오전과 오후 각 1회 실시한다. 실습생은 간식 시간 때 영유아가 바른 자세로 간식을 먹도록 지도한다.

확인해요

질문	간식을 먹을 때, 보육교사의 역할 및 준비물은 무엇이었나요?
답변	

실내자유놀이

영유아는 간식을 먹고 실내자유놀이를 한다. 영유아는 자신이 하고 싶은 놀이를 진행한다. 각 놀이 영역에 제공된 놀잇감은 영유아의 놀이를 지원한다. 실습생은 영유아의 놀이를 관찰한다. 필요에 따라 놀이 참여자로 영유아와 함께 놀이한다. 이때는 한 명의 영유아와 놀이를 진행하기보다 다른 영유아의 놀이에도 관심을 기울인다.

확인해요

질문	실내자유놀이를 할 때, 보육교사의 역할 및 준비물은 무엇이었나요?
답변	

바깥놀이

영유아는 미세 먼지나 황사가 심한 날을 제외하고 바깥놀이를 한다. 놀이터에서 놀이를 하거나 산책을 한다. 부득이 바깥놀이를 할 수 없다면, 강당 등에서 진행할 수 있는 대체 놀이를 한다. 실습생은 영유아가 안전하게 놀이하는지를 관찰한다.

확인해요

질문	바깥놀이를 할 때, 보육교사의 역할 및 준비물은 무엇이었나요?
답변	

손 씻기

바깥놀이를 하고 온 다음에는 손을 씻는다. 손 씻기는 영유아기부터 형성되어야 하는 기본생활습관 중 하나이다. 실습생은 영유아가 올바른 방법으로 손 씻기를 하도록 옆에서 지도한다. 손 구석구석을 씻도록 영유아를 지도한다. 영아의 경우에는 실습생과 함께 손 씻기를 한다.

확인해요

질문	손 씻기를 할 때, 보육교사의 역할 및 준비물은 무엇이었나요?
답변	

점심 식사

점심 식사 시간이 되면 손을 씻고 온 영유아는 도시락을 꺼내, 보육교사가 배식 해 주기를 기다린다. 보육교사는 영유아의 개별 특성을 고려하여 음식을 제공한 후 즐겁게 식사하도록 안내한다. 실습생은 함께 식사를 하며, 영유아에게 식사예절 지도를 한다. 제공된 음식의 색, 맛, 향에 관해 영유아와 이야기를 나누며 골고루 먹도록 지도하는 실습생이 있는가 하면, 앉아서 식사하거나 꼭꼭 씹어 천천히 먹도록 지도하는 실습생도 있다.

확인해요

질문	점심 식사를 할 때, 보육교사의 역할 및 준비물은 무엇이었나요?
답변	

이 닦기

영유아는 식사를 한 다음 이 닦기를 한다. 이 닦기를 할 때는 영유아의 개별 칫솔을 이용하며 깨끗하게 관리한다. 실습생은 유아 스스로 양치를 하도록 지원한다. 영아가 양치를 할 때는 입안 구석구석 닦도록 직접 지도한다.

확인해요

질문	이 닦기를 할 때, 보육교사의 역할 및 준비물은 무엇이었나요?
답변	

낮잠 시간

이 닦기를 하고 난 다음에는 이불을 펴고 낮잠을 잔다. 연령이 어릴수록 조금 더 긴 시간 동안 낮잠을 잔다. 4~5세 유아는 낮잠 대신 휴식 시간을 가지기도 한다. 낮잠은 개별 영유아의 특성과 요구에 맞게 실시한다. 영유아가 낮잠을 자고 일어난 다음에는 화장실을 다녀오도록 안내한다.

확인해요

질문	낮잠 시간을 가질 때, 보육교사의 역할 및 준비물은 무엇이었나요?
답변	

하원

낮잠을 자고 일어난 영유아는 간식을 먹고 하원을 준비한다. 실습생은 영유아의 하원을 위한 준비를 돕는다. 외투가 있다면 옷을 바르게 입히고, 가정통신문이 있다면, 가방에 넣어 준다.

확인해요

질문	하원을 할 때, 보육교사의 역할 및 준비물은 무엇이었나요?
답변	

통합 보육

4시 이후, 하원하지 않는 영유아는 통합 보육을 실시한다. 연장반 보육교사가 영유아를 지도한다.

확인해요

질문	통합보육을 할 때, 보육교사의 역할 및 준비물은 무엇이었나요?
답변	

어린이집에서 사용하는 보육실습 일지 양식은 다양하다. 제시된 보육실습 일지 양식을 바탕으로 그 내용을 기재하는 방법을 살펴본다.

날짜

보육실습을 한 날짜를 정확하게 기재한다.

결재

실습생, 지도교사, 원장의 보육실습일지 결재는 보육실습 일지를 작성한 다음 날 받는다.

놀이 주제

진행 중인 놀이 주제를 작성한다.

교사의 기대

놀이 진행에 따른 교사의 바람, 생각을 작성한다.

일과(시간)

시간 흐름에 따른 하루 일과를 순서대로 기록한다.

계획 및 실행

각 일과별 보육교사의 계획 및 실행한 내용을 기록한다. 계획은 주간보육계획안을 참고한다. 실행여부를 ○, ×로 표기하는 경우도 있다.

평가

각 각의 실행에 따른 생각과 이에 따른 앞으로의 계획을 작성한다.

실습생 평가

하루 일과를 보낸 후, 실습생의 느낀 점, 생각한 점, 좋았던 점, 수정할 점 등을 기록한다.

지도 교사 조언 및 평가

하루 일과를 보낸 후, 실습생의 좋았던 점과 보완할 점 등을 안내한다. 또한 실습생이 궁금해하는 점에 관해 생각을 나눈다.

보육실습 일지

<table>
<tr><th rowspan="2">날짜</th><td rowspan="2">2024년 07월 01일</td><th rowspan="2">날씨</th><td rowspan="2">맑음</td><th colspan="3">결재</th></tr>
<tr><th>실습생</th><th>지도교사</th><th>원장</th></tr>
<tr><th>놀이 주제</th><td colspan="3"></td><td rowspan="2"></td><td rowspan="2"></td><td rowspan="2"></td></tr>
<tr><th>교사의 기대</th><td colspan="3"></td></tr>
<tr><th>일과(시간)</th><th colspan="4">계획 및 실행</th><th colspan="2">평가</th></tr>
<tr><th>오전 간식
(09:00~
09:30)</th><td colspan="4">음식을 즐겁게 먹는다.
바른 자세로 음식을 먹는다.</td><td colspan="2">유아가 간식 이름을 말하고, 다 먹는다. 유아가 간식에 관심을 가지고 즐겁게 먹도록 상호작용해야겠다고 생각했다.</td></tr>
<tr><th>실내자유놀이 및 정리정돈(09:30
~10:30)</th><td colspan="4">–</td><td colspan="2">–</td></tr>
<tr><th>·</th><td colspan="4">·</td><td colspan="2">·</td></tr>
<tr><th>실습생 평가</th><td colspan="6">보육실습을 시작한 지 1주일이 지나면서, 유아의 이름을 부르며 상호작용할 수 있었다. 유아와 조금 더 친밀해지면서 소꿉놀이도 함께 했다. 유아들의 소꿉놀이를 지원해 주는 환경을 고민해 보게 되었다.</td></tr>
<tr><th>지도 교사
조언 및 평가</th><td colspan="6">유아들과 함께 여러 가지 놀이를 함께 하며 즐겁게 상호작용하는 모습이 좋았습니다. 유아의 놀이를 지원해 주고 싶다면 ㅇㅇ 책을 찾아보기를 바랍니다.</td></tr>
</table>

확인해요

질문	보육실습을 한 어린이집의 보육실습 일지의 구성은 어떤가요?
답변	

확인해요

질문	보육실습 어린이집에 따른 보육실습 일지를 비교하며 같은 점과 다른 점을 찾아볼까요?
답변	

확인해요

질문	특별한 날 하루 일과를 구성해 볼까요? (오늘은 미세 먼지가 심해요, 키즈카페에 가요, 소풍을 가요, 부모참여수업을 해요, 지역사회 연계활동이 있어요, 전체 소방대피훈련이 있어요)
답변	

Q33 어떻게 교재교구 제작 계획안을 작성할까?

'교재교구 제작 계획안은 교재교구 만드는 과정을 정리하여 기록한다'

실습생은 보육실습을 하며, 교재교구를 제작한다. 실습생은 교재교구를 제작하기 전에 교재교구 제작 계획안을 작성하여 실습지도 교사의 지도를 받는다. 교재교구 제작 계획안 양식은 학과에서 제공하는 기본적인 양식을 참고하되, 어린이집에서 제공하는 양식을 따른다. 실습생은 교재교구 제작 계획안을 작성한 이후, 교재교구를 직접 제작하며 그 과정을 사진 기록으로 남긴다. 적어도 완성된 교재교구의 사진을 찍어 첨부한다.

어떤 어린이집에서는 교재교구뿐 아니라 교수 자료를 제작하는 과정을 기록으로 남기도록 안내한다. 또 다른 어린이집에서는 교재교구를 만들 되 교재교구 제작 계획안을 작성하지 않도록 한다. 따라서 교재교구 제작 계획안 작성 여부는 보육실습 지도 교사의 안내에 따른다.

교재교구 제작계획안 양식을 참고하여, 각각의 구성 내용을 살펴본다.

제출일

만든 교재교구를 최종적으로 제출하는 날을 기입한다.

결재

실습생, 보육실습 지도교사, 원장의 서명을 받는다.

주제

교재교구를 제작하는 시점의 생활주제를 적는다.

놀이주제

현재 실시되고 있는 영유아의 놀이주제를 적는다.

교재교구명

만드는 교재교구의 이름을 적는다.

연령

교재교구의 사용 연령을 적는다. 기본적으로 실습반 영유아의 연령을 적는다.

놀이 유형

연령을 고려하여 여러 가지 자유 놀이 유형(예: 언어놀이, 수조작놀이, 감각탐색놀이, 과학놀이, 미술놀이, 음률놀이, 역할놀이, 쌓기놀이 등) 중에서 선택하여 적는다.

집단 유형

대집단 활동, 소집단 활동, 개별 활동 중 선택하여 적는다.

놀이 목표

놀잇감으로 놀이하며 도달하는 목표를 적는다. 태도, 기술, 지식 등의 내용을 적는다.

보육과정 관련 요소

놀이 목표를 고려하여 관련된 보육과정 관련 요소를 적는다.

준비물

교재교구를 제작하는 데 필요한 모든 자료를 기재한다.

교재교구 제작방법

교재교구를 제작하는 순서대로 기재한다. 필요 시 사진을 첨부한다.

놀이 방법

제작된 교재교구로 놀이하는 방법을 간단히 소개한다.

제작 시 유의점

교재교구를 제작할 때 고려해야 할 점을 적는다.

교재교구 제작계획안 참고 양식

<table>
<tr><td rowspan="2">제출일</td><td rowspan="2">년 월 일</td><td rowspan="2">결 재</td><td>실습생</td><td>지도교사</td><td>원장</td></tr>
<tr><td>㊞</td><td>㊞</td><td>㊞</td></tr>
<tr><td>주제</td><td></td><td>놀이주제</td><td colspan="3"></td></tr>
<tr><td>교재교구명</td><td></td><td>연령</td><td colspan="3"></td></tr>
<tr><td>놀이유형</td><td></td><td>집단유형</td><td colspan="3"></td></tr>
<tr><td>놀이목표</td><td colspan="5"></td></tr>
<tr><td>보육과정
관련 요소</td><td colspan="5"></td></tr>
<tr><td>준비물</td><td colspan="5"></td></tr>
<tr><td>교재교구
제작방법</td><td colspan="5"></td></tr>
<tr><td>놀이방법</td><td colspan="5"></td></tr>
<tr><td>교재교구
제작 시
유의점</td><td colspan="5"></td></tr>
</table>

확인해요

질문	보육실습을 하며, 제작한 교재교구 및 교수자료를 소개해 볼까요?
답변	

확인해요

질문	제작한 교재교구를 친구와 비교해 볼까요?
답변	

확인해요

질문	교재교구를 제작할 때 어려웠던 점은 무엇이었나요?
답변	

Q34 어떻게 활동계획안을 작성할까?

'활동계획안은 영유아와 함께 하는 활동 및 놀이를 위한 것으로 어린이집 양식을 참고한다'

실습생은 영유아를 대상으로 수업을 실시하기 위해서 계획안을 작성한다. 이때 활동계획안은 대소집단 활동계획안이나 놀이계획안을 포함한다. 2019 개정 누리과정이나 개정된 제4차 어린이집 표준보육과정에 따라 어린이집에서는 놀이 중심 교육과정을 실천하고 있지만, 놀이 주제를 기반으로 하여 놀이를 확장하는 대소집단 활동을 운영하기도 한다. 이에 따라 어린이집의 보육실습 운영 지침에 따라 실습생은 여러 가지 수업을 한다.

실습생이 담당하는 수업은 부분 수업, 연계 수업, 종일(또는 반일) 수업이 있다. 부분 수업은 한 가지 대소집단 활동이나 놀이를 계획하여 실행한다. 연령에 따라 수업 운영 시간은 5분에서 30분 정도 소요된다. 0세 영아의 경우에는 실습생과 영아가 1:1로 수업을 진행하기도 한다. 연계 수업은 2개의 부분 수업을 모아서 진행한다. 같은 놀이주제에 따라 상호 연계되는 활동을 한다. 부분 수업을 계획할 때, 수업 이후 연계 활동이나 확장 활동을 제시하는데 연계 수업은 이 수업을 이어서 진행한다. 종일 수업은 실습생이 하루 일과 동안 보육교사의 역할을 수행해 보는 경우이다. 수업을 할 뿐 아니라 점심 식사, 낮잠 시간도 지도해 본다.

이러한 수업을 실시하기 전에 계획안을 작성한다. 각 각의 활동계획안은 학과에서 제공한 양식을 활용하거나 어린이집에서 제공해 준 양식을 사용한다. 활동계획안 양식에 포함된 요소는 다르지만, 다음을 포함한다.

주제

소주제를 통합하는 주제로 매달 정해진다. 과거에는 생활 주제를 주제로 작성하였으며, 최근에는 주제 대신 놀이 주제를 적기도 한다.

소주제

매 주마다 진행하는 활동을 통합하는 주제를 말한다. 만약 주제가 봄이었다면 소주제는 봄의 날씨, 봄 동식물, 봄 소풍이 된다.

활동명

진행하게 되는 놀이나 대소집단 활동을 적는다. 영유아의 관심을 유발하는 활동명으로 작성한다. 또한 활동명을 보고 그 내용을 예측 가능하게 작성한다.

활동 대상

활동에 참여하는 영유아의 연령을 적는다. 0~만 5세 중에서 선택을 하거나 혼합 연령으로 제시한다.

활동 유형

자유놀이(언어놀이, 역할 놀이 등)나 이야기 나누기, 동화, 동시, 동극, 새 노래 등으로 기술한다.

집단 유형

대집단, 소집단, 개별 활동 중에 선택하여 작성한다.

활동 목표

진행하는 활동을 통해 달성하고자 하는 목표로 2~3개를 선정한다. 행동적 목표(1부터 10까지 셀 수 있다)나 표현적 목표(봄꽃의 아름다움을 느낀다) 중 선택하여 일관되게 작성한다.

보육과정 관련 요소

활동 목표와 연계되는 보육과정 관련 요소를 2019 개정 누리과정이나 제4

차 어린이집 표준보육과정을 참고하여 적는다.

활동 자료

활동에서 활용되는 모든 자료를 순서대로 작성한다. 도입, 전개, 마무리 등의 순서를 고려하여 차례대로 제시한다.

활동 방법

유아를 위한 활동은 도입, 전개, 마무리의 순서로 계획한다. 영아를 위한 활동은 자료 탐색, 놀이 전개, 놀이 반복으로 계획 가능하다.

활동 평가

계획안 활동 목표에 따라 그 실행 정도를 평가한다.

활동 유의점

활동을 진행하며 고려해야 할 점을 기술한다.

확장 활동

활동을 마친 다음 연계할 활동을 적는다.

교사 조언

활동계획안을 작성하고 수정하는 과정에서 보육실습 지도교사의 조언을 적는다.

실습생 평가

활동을 마친 후, 활동의 준비 과정이나 활동을 진행하며 느낀 점을 적는다.

활동계획안 참고 양식

<table>
<tr><td rowspan="2">제출일</td><td rowspan="2">년 월 일</td><td rowspan="2">결 재</td><td>실습생</td><td>지도 교사</td><td>원장</td></tr>
<tr><td>㊞</td><td>㊞</td><td>㊞</td></tr>
<tr><td>주제</td><td></td><td>소주제</td><td colspan="3"></td></tr>
<tr><td>활동 명</td><td></td><td>활동 대상</td><td colspan="3"></td></tr>
<tr><td>활동 유형</td><td></td><td>집단유형</td><td colspan="3"></td></tr>
<tr><td>활동 목표</td><td colspan="5"></td></tr>
<tr><td>보육과정 관련 요소</td><td colspan="5"></td></tr>
<tr><td>활동 자료</td><td colspan="5"></td></tr>
<tr><td colspan="6">활동 방법</td></tr>
<tr><td>도입</td><td colspan="5"></td></tr>
<tr><td>전개</td><td colspan="5"></td></tr>
<tr><td>마무리</td><td colspan="5"></td></tr>
<tr><td>활동 평가</td><td colspan="5"></td></tr>
<tr><td>활동 유의점</td><td colspan="5"></td></tr>
<tr><td>확장 활동</td><td colspan="5"></td></tr>
<tr><td>교사의 조언</td><td colspan="5"></td></tr>
<tr><td>실습생 평가</td><td colspan="5"></td></tr>
</table>

실습생은 여러 가지 활동을 계획하여 실천해 본다. 놀이 중심의 교육과정에 따라 여러 가지 놀이를 계획하여 실시해 본다. 이때 영아반에서는 여러 가지 놀이에 대한 관심에서부터 놀이를 시작한다. 유아반에서는 놀이를 확장하는 여러 가지 대소집단 활동을 실시한다.

이야기 나누기

이야기 나누기는 실습생과 영유아가 주제에 관한 생각, 느낌을 주고받는 과정이다. 실습생이 영유아에게 일방적으로 전달하는 이야기 하기와 다르다. 이야기 나누기를 하고자 할 때는 영유아의 주의 집중 시간을 고려하여, 이야기 나누기 주제에 따른 영유아의 사전 지식을 충분히 고려한다.

확인해요

질문	이야기 나누기를 할 때, 보육교사의 역할 및 준비물은 무엇이었나요?
답변	

동화, 동시

동화와 동시는 영유아의 동심을 담은 이야기나 짧은 글을 함께 나누는 과정이다. 실습생은 영유아의 놀이 주제를 고려하여 동화나 동시를 선택하여 놀이 경험을 확장해 준다. 동화와 동시 그 자체를 즐기고, 감상 후 느낌을 나누는 시간을 가진다.

확인해요

질문	동화, 동시 활동을 할 때, 보육교사의 역할 및 준비물은 무엇이었나요?
답변	

동극

동극은 동화나 이야기를 각색하여 유아가 주인공이 되어 표현하는 과정이다. 유아는 역할에 맞게 말하고 행동한다. 실습생은 유아에게 적합한 동극 내용을 선택하고, 동극을 하는 데 필요한 준비물을 함께 구성한다. 유아의 의견을 반영하여 그 역할을 정한다.

확인해요

질문	동극을 할 때, 보육교사의 역할 및 준비물은 무엇이었나요?
답변	

새 노래

새 노래는 영유아의 놀이 주제에 맞는 여러 가지 음악을 듣고 함께 노래를 부르는 활동이다. 실습생은 영유아에게 노래를 부르거나 들려준 다음 함께 부르기, 악기 연주하기, 신체 표현하기 등을 해 본다.

확인해요

질문	새노래 지도를 할 때, 보육교사의 역할 및 준비물은 무엇이었나요?
답변	

신체 표현

신체 표현은 여러 장르의 음악이나 소리를 듣고, 그 느낌을 몸으로 나타내는 활동이다. 영유아는 음악을 들으며 사자의 움직임을 표현해 보고, 나비가 되어볼 수 있다. 실습생은 영유아의 연령을 고려하여 음악을 선택하고, 음악에 따르는 영유아의 신체표현을 존중해 준다. 신체표현에 필요한 준비물이 있다면 넉넉하게 준비하고, 충분한 놀이 공간을 확보한다.

확인해요

질문	신체 표현을 할 때, 보육교사의 역할 및 준비물은 무엇이었나요?
답변	

게임

유아는 규칙이 있는 게임을 이해하고 활동해 본다. 실습생은 게임 방법을 구체적으로 안내하며 필요에 따라 시범을 보인다. 게임에 참여하는 유아와 그렇지 않은 유아를 지도할 방법을 고민해 보아야 하며 안전에 주의하여 게임을 실시한다.

확인해요

질문	게임을 할 때, 보육교사의 역할 및 준비물은 무엇이었나요?
답변	

요리

영유아는 직접 음식이나 간식을 만들어 보며 요리 활동에 참여한다. 실습생은 계절을 고려한 요리 활동을 선정한다. 요리 활동의 순서를 알려주거나 함께 만들어 간다. 요리 활동을 하면서도 안전에 신경 쓴다.

확인해요

질문	요리를 할 때, 보육교사의 역할 및 준비물은 무엇이었나요?
답변	

확인해요

질문	보육실습을 한 어린이집의 활동계획안 구성은 어떤가요?
답변	

확인해요

질문	보육실습 어린이집에 따른 활동계획안을 비교하며 수업 내용의 같은 점과 다른 점을 비교해 볼까요?
답변	

확인해요

질문	보육실습에서 바라는 활동계획안 및 지도의 방향은 무엇일까요?
답변	

Q35 어떻게 영유아 관찰기록을 작성할까?

'영유아 관찰기록은 어린이집 지침을 따른다'

실습생은 영유아를 관찰하며, 관찰의 중요성과 함께 올바른 관찰 방법을 익힌다. 특히, 영유아의 놀이 관찰을 통해, 영유아의 흥미와 관심사를 파악하여 이후 활동 계획 시 참고한다. 놀이 관찰 정보를 모아 영유아의 발달을 이해한다.

보육실습을 하며 진행하는 영유아 관찰기록은 어린이집 지침을 따른다. 매일 1명의 영유아를 관찰기록 하도록 하는 어린이집이 있는가 하면, 매일 3명의 영유아를 관찰기록 하도록 하는 어린이집이 있다. 영유아 관찰기록 양식 또한 학과에서 제공한 양식대로 지도해 주는 어린이집이 있는가 하면 어린이집에서 제공해 주는 양식대로 작성해야 하는 어린이집도 있다. 이런 경우 실습생은 기본적으로 어린이집의 지침을 따라야 한다. 어느 경우이든, 영유아 관찰기록의 대부분은 여러 가지 관찰기록법 중에서 일화기록법을 따른다. 또한 영유아 관찰기록을 할 때는 영유아의 이름이나 개인정보를 포함하지 않도록 한다. 제시된 관찰 참고 양식을 살펴본다.

관찰일

영유아 관찰을 실시한 날짜를 정확히 기재한다.

결재

영유아를 관찰하고 기록을 마친 다음, 보육실습 지도교사, 원장의 확인을 받는다.

영유아 이름

관찰 대상 영유아의 이름을 적는다. 이때는 영유아의 개인정보보호를 위해서 가명 또는 이○○의 방식으로 기재한다.

영유아 연령

관찰 대상 영유아의 만 연령을 제시한다.

영유아 관찰시간

영유아 관찰을 진행한 시간을 적는다. 예를 들어, 09시 00분부터 09시 10분으로 적거나 대소집단 활동 시간 등으로 기재한다.

영유아 관찰장면

영유아 관찰을 할 때, 주요한 사건, 놀이, 활동을 적는다. 예를 들어, 자유놀이 시간에 친구와 함께 소꿉놀이를 하는 장면으로 적는다.

영유아 관찰기록

영유아를 관찰하며 사실대로 기록한다. 일화기록을 활용하여 직접 화법을 써서 영유아의 행동과 말을 기록한다.

해석

영유아 관찰을 바탕으로 하여 객관적으로 파악할 수 있는 내용을 기재한다. 발달이 느리다거나 빠르다와 같이 평가하지 않는다.

영유아 관찰 참고 양식

<table>
<tr><td rowspan="2">관찰일</td><td rowspan="2">년 월 일</td><td rowspan="2">결 재</td><td>실습생</td><td>지도
교사</td><td>원장</td></tr>
<tr><td>㊞</td><td>㊞</td><td>㊞</td></tr>
<tr><td>영유아 이름</td><td></td><td>영유아 연령</td><td colspan="3"></td></tr>
<tr><td>영유아 관찰시간</td><td colspan="5"></td></tr>
<tr><td>영유아 관찰장면</td><td colspan="5"></td></tr>
<tr><td colspan="6">영유아 관찰기록</td></tr>
<tr><td colspan="6"></td></tr>
<tr><td>해석</td><td colspan="5"></td></tr>
</table>

확인해요

질문	작성한 영유아 관찰기록을 친구와 비교해 볼까요?
답변	

확인해요

질문	영유아 관찰기록은 어떻게 진행했나요?
답변	

확인해요

질문	영유아 관찰기록을 통해, 무엇을 알 수 있었나요?
답변	

Q36 어떻게 실습생 소감을 작성할까?

'실습생 소감은 보육실습 과정을 돌이켜보며 느낀 점을 작성한다'

보육실습 일지 파일의 마지막 부분에는 실습생 소감을 적는다. 실습생은 6주간의 보육실습을 반성적으로 돌아보며, 이를 정리하고 그 느낀 점을 작성한다.

실습생 소감을 적는 앞부분에는 보육실습을 하기 전의 느낀 점을 적는다. 보육실습을 시작하기 전에 느꼈을 기대감이나 불안감을 기술한다. 이러한 보육실습을 하기 전의 느낌이 보육실습을 진행하면서 어떻게 변화했는지를 확인한다.

그다음에는 보육실습을 하며 경험했던 그동안의 과정을 정리하며 기술한다. 이때는 활동, 교재교구 제작, 영유아 관찰에 관한 기록을 포함한다. 특히, 보육실습을 하며 기억에 남는 부분을 그 느낌과 함께 기록한다.

실습생 소감의 마지막 부분은 보육실습을 하며 느꼈던 전반적인 소감을 적는다. 또한 보육실습을 하며 보육교사로 성장한 부분을 기록한다. 앞으로 대학을 졸업하기까지 보육교사로 더욱 준비하고 싶은 내용을 적는다. 어떤 교사가 되고 싶은지를 떠 올리며 올바른 보육교사상을 정립한다.

6장

실습생의 역할은 무엇일까?

소소한 이야기

질문자: 실습생은 교사인가요? 학생인가요?

교사: 실습생은 교사이기도 하고 학생이기도 합니다.

질문자: 실습생은 어떤 역할을 해야 하나요?

교사: 실습생은 교사이자, 학생이므로, 두 가지의 역할을 모두 해야 합니다.

질문자: 언제 교사의 역할을 해야 하나요?

교사: 영유아들과 함께 하루 일과를 보내는 시간에는 교사입니다. 영유아들은 실습생을 학생 선생님이라고 부르지요. 이때는 영유아들을 지원하며 교사로서의 역할을 하게 됩니다.

질문자: 언제 학생의 역할을 해야 하나요?

교사: 영유아들과 생활하는 하루 일과 이외에는 학생의 역할을 하며 실습지도교사를 돕고 지도를 받게 됩니다. 물론 교사와 학생 역할의 경계가 모호할 수 있으니, 언제든 배움의 자세로 적극적으로 보육실습에 임해야 합니다.

실습생의 역할은 다양하다. 실습생은 학생으로서 실습기관에서의 현장 업무를 배우기도 하지만, 영유아들과 수업을 하고 놀이와 일상생활을 지원하며 교사의 역할을 하기도 한다. 실습생이 이러한 역할들을 어떻게 수행해 나가야 하는지 살펴보도록 한다.

Q37 어떻게 영유아 놀이를 지원할까?

'실습생은 영유아의 놀이 관찰자, 놀이 제안자, 놀이 참여자, 놀이 환경제공자로의 역할을 해야 한다'

영유아는 놀이하면서 세상을 탐색하고 다른 사람과 소통하며 자신을 표현한다. 또한 영유아는 자신의 관심과 흥미에 따라 놀이를 선택하고 실행하는 과정에서 자연스럽게 배움의 기회를 가진다. 따라서 실습생은 영유아가 즐겁게 놀이하며 스스로 배우도록 지원해야 한다.

이를 위해 실습생은 영유아의 놀이 관찰자, 놀이 제안자, 놀이 참여자, 놀이 환경제공자로의 역할을 해야 한다. 첫째, 실습생은 놀이 관찰자로서 영유아의 놀이를 다양한 상황에서 지속적으로 관찰하고 기록해야 한다. 이러한 놀이 관찰은 영유아의 놀이 선호도를 이해하는 데 도움을 준다. 영유아의 놀이 양상이나 선호하는 놀이를 파악한 실습생은 영유아와의 상호작용을 도와 친밀감을 쌓게 된다. 또한 영유아 놀이 관찰을 통해 영유아의 발달 및 행동 특성을 파악하게 된다. 즉, 실습생은 놀이 관찰을 통해 영유아의 신체·운동, 언어, 인지, 사회, 정서 발달 수준을 파악하여 이에 적합한 놀이 지원 및 활동을 계획할 수 있다.

둘째, 실습생은 놀이 제안자로, 영유아의 놀이 참여를 돕는다. 실습생은 놀이를 망설이는 영유아를 보았을 때 놀이를 제안한 후, 유아 스스로 놀이를 선택하여 참여하도록 지원한다. 또한 반복적으로 한 가지 놀이만을 하고 있는 영유아에게 새로운 놀이를 제안하여 놀이를 확장하는 데 도움을 준다. 다만, 실습생이 놀이 제안을 하더라도 그 놀이의 선택권은 영유아에게 있다는 점을 기억한다.

셋째, 실습생은 놀이 참여자로 영유아와 함께 놀이를 한다. 실습생의 영유아 놀이 개입과 참여는 놀이를 직접적으로 지원하는 것이다. 따라서 모든 영유아의 놀이에서 참여하는 것은 아니며 상황에 따라 필요한 경우에 영유아의 놀이에 참여한다. 특히, 영유아가 실습생을 놀이에 초대하며 그 역할을 제안할 때 함께 놀이한다.

넷째, 실습생은 놀이 환경제공자로서의 역할도 수행한다. 실습생은 영유아의 현재 진행 중인 놀이에 적합한 놀잇감을 제공해 주어야 한다. 영유아의 흥미를 일으키고 발달에 적합하며 적절한 양의 놀잇감은 영유아에게 놀이를 즐기고 적극적으로 참여하도록 돕는다. 따라서 실습생은 영유아를 위한 놀이 환경으로 놀잇감을 제공해 주어야 한다. 이와 함께 실습생은 영유아의 놀이 공간을 구성해주어야 한다. 적절한 크기의 놀이 공간은 놀이를 확장하는 데 영향을 미친다.

실습생이 놀이 제안자, 참여자 그리고 환경제공자로 역할을 잘 수행하기 위해서는 놀이 관찰자로서의 역할을 우선 수행해야 한다. 일화기록을 포함한 여러 가지 관찰 방법으로 진행된 놀이 관찰은 영유아의 놀이를 지원하는 방향을 설정하는 일차적인 자료이기 때문이다.

확인해요

질문	영유아의 놀이를 관찰해 보았나요?
답변	
질문	영유아의 놀이를 제안해 보았나요?
답변	
질문	영유아의 놀이에 참여해 보았나요?
답변	
질문	영유아에게 놀이 환경을 제공해 보았나요?
답변	

Q38 어떻게 영유아 기본생활을 지원할까?

'실습생은 영유아의 손 씻기, 양치하기, 바르게 식사하기, 낮잠 자기를 지원하는 역할을 해야 한다'

실습생은 보육실습을 하며 하루 일과를 운영하는 과정에서 영역별 보육활동과 영유아의 기본생활을 지도하는 경험을 한다. 보육의 의미가 교육과 보호를 포함하므로, 실습생 또한 두 가지를 모두 경험하며 각각에 맞는 역할을 수행해야 한다. 특히, 기본 생활은 어린이집에서 긴 시간을 보내는 영유아에게 건강하고 안전한 생활을 지원하는 중요한 활동이므로, 실습생은 교육자로서의 교사의 역할 뿐 아니라 영유아의 바람직한 기본생활습관을 형성하도록 지원해야 한다. 구체적으로, 실습생은 영유아가 씻고, 먹고, 자는 등 기본적인 욕구를 충족시키는 일상생활을 편안하고 자연스럽게 경험하도록 한다.

손 씻기는 손 위생을 위해 물과 비누를 이용하여 손을 씻는 것을 의미한다. 실습생은 기본적으로 손을 씻어야 하는 상황을 숙지하고 있어야 한다.

- 영유아가 화장실을 다녀올 때
- 간식 및 점심 식사를 하기 전과 후일 때
- 미술놀이, 바깥놀이 등 놀이 후 손이 지저분해졌을 때

다양한 상황에서 실습생은 영유아의 손 씻기를 지도한다. 연령에 따라 손 씻기 지도 방법이 달라진다. 따라서 실습생은 영유아와 함께 손 씻기, 손 씻기 시범 보이기, 손 씻기 안내하기 등 각 연령에 맞게 손 씻기를 지도한다.

이 닦기도 마찬가지이다. 실습생은 점심 식사를 마친 영유아에게 낮잠을 자기 전에 이를 닦도록 지도한다. 영아의 경우, 실습생이 옆에서 지켜보며 이 닦기를 마무리해주고, 유아의 경우 스스로 이를 닦도록 안내한다. 물론 유아라 하더라도, 올바른 이 닦기 습관 형성을 위해서는 이 닦기 방법에 관

한 실습생의 지도가 필요하다.

바르게 식사하기 습관을 가지도록 실습생은 영유아를 지도한다. 바르게 식사를 한다는 것은 식사 예절을 지키고 골고루 먹는 습관을 가지도록 지원한다는 의미이다. 실습생은 식사 예절을 지키도록 영유아와 작은 소리로 대화를 하며 식사하고, 바른 자세로 앉아서 식사하도록 지원한다. 또한 골고루 먹는 습관을 형성하도록, 실습생은 나온 음식의 색, 모양, 향, 맛 등에 관해 영유아와 이야기 나누며 관심을 이끌고, 격려를 해 주며 식사를 한다.

낮잠 시간에도 실습생은 바른 수면 습관을 형성하도록 영유아를 지도한다. 실습생은 낮잠 시간을 통해 휴식해야 할 필요성을 알고, 편안한 분위기에서 휴식하도록 지원한다. 하루 일과 중에 영유아의 기본생활을 지원하기 위해 실습생이 해야 하는 역할을 살펴본다.

등원

- 영유아의 이름을 부르며 반갑게 맞이하고, 영유아가 실습생, 친구들과 반갑게 인사를 나누도록 지원한다(예절 지키기).
- 영유아가 자신의 겉옷과 소지품을 정리하도록 돕는다(정리 정돈하기).

오전·오후 간식 및 점심 식사

- 간식이나 점심을 먹기 전에 손을 씻도록 돕는다(손 씻기).
- 바른 자세로 앉아 스스로 먹도록 안내한다(바르게 식사하기).
- 음식을 먹으며 작은 소리로 이야기를 나누도록 안내한다(바르게 식사하기).
- 식사 도구를 바르게 사용하도록 방법을 알려준다(바르게 식사하기).
- 식사를 마친 다음, 식사 도구는 스스로 정리하도록 안내한다(정리정돈하기).

정리정돈

- 정리 시간을 미리 알려준다(정리정돈 하기).
- 자신이 가지고 논 놀잇감을 스스로 정리정돈하도록 격려한다(정리정돈

하기).

- 정리정돈을 다 하지 못한 친구를 돕도록 상호작용한다(정리정돈 하기).

화장실

- 영아의 경우, 개별적으로 이름을 불러 기저귀를 갈도록 지원한다(대소변 하기).
- 편안한 분위기에서 기저귀를 갈며 영아와 상호작용한다(대소변 하기).
- 유아의 경우, 화장실에서 미끄러지지 않도록 지도한다(화장실 사용하기).
- 화장실을 이용한 다음, 손을 깨끗하게 씻도록 안내한다(화장실 사용하기).

확인해요

질문	영유아의 손 씻기를 지원해 보았나요?
답변	
질문	영유아의 양치하기를 지원해 보았나요?
답변	
질문	영유아의 바르게 식사하기를 지원해 보았나요?
답변	
질문	영유아의 낮잠 자기를 지원해 보았나요?
답변	

Q39 어떻게 영유아 활동을 지원할까?

'실습생은 영유아를 위한 여러 가지 대소집단 활동을 실행해야 한다'

실습생은 실습기간동안 실습지도교사가 이끄는 영유아의 활동을 관찰해야 할 뿐만 아니라 다양한 대소집단 활동을 실행해야 한다. 대소집단 활동은 교사와 영유아가 함께 한 공간에 모여서 진행하는 활동으로, 이야기 나누기, 동화, 동시, 동극, 노래 부르기, 음악 감상, 악기 연주, 미술 활동, 요리, 신체 표현, 게임 등 다양하다.

대소집단 활동을 실행하기 위해서는 먼저 놀이 주제, 영유아의 연령과 발달 수준, 흥미 등을 고려하여 활동을 선정하고 계획해야 한다. 이 과정에서 실습생은 활동계획안을 작성한다. 활동계획안은 주제, 소주제, 활동명, 활동 대상, 활동 유형, 집단 유형, 활동 목표, 보육과정(누리과정) 관련 요소, 활동 자료, 활동 방법, 활동 평가, 활동 유의점 등으로 구성되어 있다.

활동 방법은 도입, 전개, 마무리로 계획한다. 이러한 진행 단계는 활동에 대한 영유아들의 흥미를 자연스럽게 이끌기 위한 것이므로 이러한 점을 염두에 두며 계획한다. 도입은 활동의 시작 단계이며 주제에 대한 영유아의 흥미를 이끌어내서 집중시키는 과정이다. 도입은 영유아의 흥미를 이끌만한 자료가 반드시 필요하고 진행하는 시간은 짧아야 한다. 전개는 본 활동을 하는 단계로, 주제에 대해 영유아들과 상호작용하며 활동 지도 순으로 진행하는 과정이다. 마무리는 끝맺음 단계로 진행한 활동을 회상하며 정리하고 평가하는 과정이다. 이 과정에서 실습생은 영유아에게 활동에 대한 자신의 생각, 느낌 등을 적절한 단어와 문장으로 이야기해보도록 발문을 해야 한다. 예를 들어, "오늘 게임 재미있었지?"라고 발문을 하면 영유아들은 "예", "아니오"로 대답하게 된다. 따라서 이러한 폐쇄적 발문보다는 "오늘 ○○ 게임해보았는데 어땠니?"라고 개방적 발문을 해야 영유아가 자신의 생각과 느낌을 다양하게 표현할 수 있다.

영유아를 위한 활동을 실행할 때, 실습생으로 주의해야 할 점이 있다. 먼저, 실습생은 도입에 있어서 영아와 유아의 접근 방식의 다름을 숙지한다. 어린 영아의 경우 유아들처럼 경험에 관한 이야기 나누기, 퀴즈 맞히기 등으로 활동을 시작하기 어렵다. 실습생이 생각한 만큼의 언어적 상호작용을 영아에게 기대하기 어려운 것이다. 어린 영아일수록 도입에서는 여러 가지 놀잇감을 제공하여, 흥미를 이끄는 데서 시작한다. 소리, 모양 등 놀잇감을 충분히 탐색한 후, 계획한 활동으로 이어간다.

다음으로, 실습생은 전개의 지속 시간이나 흐름에서 영유아의 차이점을 이해해야 한다. 영아와 유아 모두 실습생이 계획한 본 활동을 진행한다. 이 경우에 영아는 동일한 놀이나 활동을 여러 번 반복하며 즐기는 모습을 볼 수 있다. 영아가 계속적으로 흥미를 보인다면, 실습생은 동일한 활동을 지속할 수 있다.

마지막으로, 실습생은 활동에서 주의집중 정도의 차이점을 고려한다. 유아의 주의집중 시간이 영아보다 길다. 그러므로 실습생은 기본적으로 영유아의 주의집중 시간을 고려해야 한다. 특히 영아의 경우 활동에 흥미를 보이다가도 금방 다른 놀이를 찾는 모습을 볼 수 있다. 5명의 영아가 있을 때, 1명의 영아만 끝까지 활동에 참여하는 모습을 보게 될 수도 있다. 실습생은 영아의 발달 특성상 나타날 수 있는 상황임을 인식한다.

확인해요

질문	어떤 대소집단 활동을 해 보았나요?
답변	
질문	대소집단 활동을 할 때 영유아의 참여도는 어땠나요?
답변	
질문	대소집단 활동을 할 때, 어려웠던 점은 무엇인가요?
답변	

Q40 어떻게 영유아의 주의집중을 이끌까?

'실습생은 다양한 방법으로 주의집중을 실시한다'

실습생은 영유아와 함께 하는 활동, 놀이, 정리정돈, 전이 시간 등 주의집중을 이끌어야 하는 다양한 상황과 마주한다. 영유아에게 "집중하세요" "조용히 하세요"라고 말하며 주의집중을 유도하기 어렵다. 영유아의 주의집중 시간은 짧고, 연령이 어릴수록 더욱 짧기 때문에 다양한 주의집중 방법이 필요하다. 예를 들어, 이야기 나누기 활동을 하는 경우에 영유아의 주의집중 시간을 고려하여 활동 시간을 계획한다. 만 1세 영아는 5분, 만 2세 영아는 10분, 만 3세 유아는 15분, 만 4~5세 유아는 20분 정도이다. 물론, 이 또한 이야기 나누기의 주제, 교수 자료, 진행 방법에 따라 주의집중 시간은 달라진다. 전반적인 주의집중 시간이 짧으므로, 실습생은 이를 고려하여 영유아가 활동에 흥미를 느끼고, 끝까지 활동에 관심을 가지도록 다양한 주의집중 방법을 사용한다. 영유아의 주의집중을 이끄는 방법을 살펴보면 아래와 같다.

- 노래 부르기
- 수수께끼 맞추기
- 말놀이 하기(예: 가로 시작하는 말은)
- 말 리듬 만들기(예: 사랑반을 부르면~)
- 숫자 놀이하기
- 동작 따라 하기
- 목소리를 작게 하여 말하기
- 악기 활용하기
- 박수 치기
- 손유희하기

특히, 손유희는 이야기나 노랫말에 맞추어 손으로 여러 가지 동작을 표현하는 주의집중 방법이다. 손유희는 영유아들의 흥미를 유발하며 집중을 유도하는 효과적인 방법으로 널리 활용되고 있다. 따라서 실습생은 영유아들의 연령과 발달 수준에 적합하며 간단하고 흥미로운 다양한 손유희를 익혀 실습에 임한다.

손유희를 하기 위해서 실습생은 노랫말과 동작을 영유아에게 정확하게 전달한다. 영유아는 실습생의 동작을 보고 따라 손유희를 하므로, 영유아가 쉽게 따라 하도록 손유희를 보여준다. 보육실습을 할 때 활용 가능한 손유희는 다음과 같다.

- 엄마별, 아빠별
- 쥐 백 마리
- 앵두
- 나는 콩
- 주먹, 가위, 보
- 씨앗
- 막대 하나
- 통통통통
- 머리, 어깨, 무릎, 발
- 아기 돼지 삼 형제

확인해요

질문	실습지도 교사가 실시한 주의집중 방법은 무엇이었나요?
답변	
질문	영유아를 위한 놀이(활동)에서 어떤 주의집중 방법을 사용했나요?
답변	
질문	어떤 손유희를 해 보았으며, 영유아의 반응은 어땠나요?
답변	

Q41 어떻게 교수자료를 제작할까?

'실습생은 좋은 교재교구의 요건을 충족하는 교수자료를 제작해야 한다'

교재교구는 영유아의 놀이와 활동을 지원하고 효과적으로 교수 학습하는 데 필요한 자료를 의미한다. 이러한 교재교구는 영유아에게 놀이와 활동에 참여하도록 지원하며, 신체 · 언어 · 인지 · 사회성 · 정서 등 영유아의 발달에 긍정적인 영향을 미친다는 점에서 그 중요성을 찾아볼 수 있다.

실습생은 영유아의 놀이를 지원하고 활동을 진행하기 위해 여러 가지 교수자료를 제작해야 한다. 이때 실습생은 좋은 교재교구의 요건을 충족하는 교수자료를 제작해야 한다. 좋은 교재교구를 제작하기 위해서는 다음과 같은 점을 고려한다.

영유아의 발달 수준에 적합한 교재교구

실습생은 영유아의 연령과 신체 · 인지적 발달 수준을 고려하여 영유아가 사용 가능한 교재교구를 제작해야 한다. 예를 들어, 영아는 유아보다 눈과 손의 협응 능력이 미숙하므로 큰 조각의 모양 끼우기 교재교구를 준비한다.

영유아의 흥미를 유발하는 교재교구

실습생은 영유아에게 매력적인 교재교구를 제작해야 하며, 영유아가 교재교구에 흥미를 느끼고 탐색하도록 한다. 예를 들어, 영아가 좋아하는 동물 까꿍 교재교구를 제작한다.

영유아가 사용하기에 적절한 크기의 교재교구

실습생은 영유아 스스로 교재교구를 조작할 수 있는 크기로 제작한다. 예를 들어, 영아의 경우에는 작은 교재교구를 입에 넣어 삼키거나 호기심에 코나 귀에 넣으므로 너무 작은 구슬, 콩, 뾰족한 막대나 긴 끈 등을 사용하지 않는다.

영유아가 사용하기에 견고한 교재교구

실습생은 영유아가 반복적으로 교재교구를 가지고 놀이하도록 튼튼하게 제작한다. 특히, 힘 조절이 어려운 영아를 위해서 쉽게 부러지지 않도록 교재교구를 제작한다. 예를 들어, 주사위를 만들 때는 안에 스펀지를 넣는다.

영유아에게 안전한 교재교구

실습생은 영유아가 교재교구로 놀이하는 과정에서 다치지 않도록 위험한 부분을 충분히 검토하여 교재교구를 제작한다. 예를 들어, 교재교구의 모서리 부분은 둥글게 처리하여 날카로운 부분이 없도록 한다.

다양한 소재의 자료를 사용한 교재교구

실습생은 종이, 펠트지, 우드락 등 다양한 소재의 특성을 알고 이를 적절히 활용한다. 특히, 영아의 경우 감각적 경험을 활용하여 즐겁게 놀이하므로 교재교구를 제작할 때 다양한 소재를 활용한다.

보관이 용이한 교재교구

실습생은 교재교구를 사용하기 전후로 보관할 수 있는 방법을 생각하여 교재교구를 제작한다. 보관이 잘 되어 있을 때, 교재교구의 손상을 줄일 수 있다는 점을 고려한다. 예를 들어, 교재교구 그 자체를 보관상자로 사용하거나 보관함을 따로 제작해야 하는 경우가 있으므로, 이를 고려한다.

확인해요

질문	실습지도 교사는 어떤 교수자료를 사용했나요?
답변	
질문	영유아를 위한 놀이(활동)에서 어떤 교재교구를 만들었나요?
답변	
질문	교재교구를 만들 때, 가장 보람된 점은 무엇이었나요?
답변	
질문	교재교구를 만들 때, 가장 어려웠던 점은 무엇이었나요?
답변	

Q42 교사를 보조하는 방법은 무엇일까?

'실습생은 실습지도 교사가 활동이나 놀이를 실행하고, 환경을 구성할 때 보조해야 한다'

실습지도 교사는 영유아의 활동을 계획하고 실행하며, 놀이를 지원하고, 환경 구성을 하는 등 다양한 업무를 한다. 실습생은 이러한 실습지도 교사의 업무를 관찰할 뿐 아니라, 실습지도 교사가 활동이나 놀이를 실행하고 환경을 구성할 때 보조해야 한다.

실습생은 실습지도 교사가 영유아와 함께 하는 활동을 준비하고, 실행하는 과정에 보조하는 역할을 한다. 활동에 필요한 교수 자료를 제작할 때, 실습생은 교사의 요청에 따라 함께 교수자료를 만들어 본다. 활동을 진행하는 과정에서는 활동에 집중하지 못하는 영유아, 화장실에 가고 싶어 하는 영유아를 돕는다.

실습생은 실습지도 교사가 영유아의 놀이를 지원할 때도 보조하는 역할을 수행한다. 실습생은 영유아의 놀이에 참여하거나 영유아가 필요로 하는 놀잇감을 함께 제작하기도 한다. 놀이에 어려움을 겪거나 갈등 상황에 놓인 영유아를 위해 적절히 상호작용한다. 놀잇감을 정리정돈 할 때도 실습생은 실습지도교사와 영유아를 도와 함께 정리정돈한다.

실습생은 실습지도 교사가 교실 환경을 구성하고 정리정돈을 할 때도 보조하는 역할을 수행한다. 교실은 영유아들이 어린이집에서 가장 오랜 시간 동안 지내는 공간으로 영유아의 건강과 안전에 많은 영향을 준다. 따라서 영유아들이 즐겁게 놀이하며 건강하고 안전하게 생활하도록 실습생은 실습지도 교사를 도와 교실 환경을 구성해야 한다. 새로운 교재교구를 배치해야 한다면, 실습지도 교사의 안내에 따라 위치를 정한 다음 교구장에 교재교구를 둔다.

또한 실습지도 교사가 게시판을 새로 구성하거나 벽면을 꾸밀 때도 실습생은 보조하는 역할을 수행한다. 게시판이나 벽면은 영유아의 작품을 전시해 주는 공간으로 활용가능하다. 실습생은 실습지도 교사를 도와 영유아의 눈높이에 맞게 작품을 전시해 준다.

또한 실습지도 교사는 영유아의 하루 일과가 끝난 후에 교실 환경을 정리정돈한다. 청소를 하고, 놀잇감을 정리한다. 이때 실습생은 실습지도 교사와 함께 청소를 진행한다. 청소를 한 다음에는 놀잇감이 제자리에 정리정돈 되어 있는지를 확인한다.

실습지도 교사를 보조하는 실습생의 역할은 하루 일과 중 계속된다. 매일 일관되게 반복되는 역할이 있는가 하면, 새롭게 경험하는 역할도 있다. 중요한 것은 이러한 역할 수행에 관해 사전에 미리 안내를 하거나 그 즉시 도움을 요청하는 실습지도 교사가 있는가 하면, 실습생 스스로 상황에 따라 대처해 주기를 바라는 실습지도 교사도 있다는 점이다. 따라서 실습생은 실습지도 교사의 지도 방법을 파악하여 이에 맞게 행동한다.

확인해요

질문	실습지도 교사를 위해 어떤 역할을 했나요?
답변	
질문	실습지도 교사를 보조하며 무엇을 알 수 있었나요?
답변	
질문	실습지도 교사를 보조하며 어려웠던 점은 무엇이었나요?
답변	

Q43 어린이집 환경구성에 참여할까?

'실습생은 어린이집 환경 구성 시 함께 참여한다'

보육실습을 진행하다 보면, 실습생은 실습 반에서 환경구성을 할 때 실습지도 교사와 함께 참여하게 된다. 영유아의 놀이 주제가 달라지거나 새로운 달이 되면 교실의 환경구성을 새로이 한다. 교재교구를 재배치하고, 창문이나 천장을 이용해 교실을 꾸민다. 따라서 실습생은 실습지도 교사의 안내에 따라 교실 환경 구성에 참여한다.

실습생은 교실 내 환경 구성뿐 아니라 어린이집 전체 환경 구성에도 참여한다. 먼저, 영유아를 대상으로 한 행사가 계획되어 있는 경우이다. 어린이날, 크리스마스, 졸업식 등과 같은 행사가 있을 경우, 실습생은 어린이집 전체 환경 구성에 참여한다. 예를 들어, 영유아를 위한 포토존을 만든다면, 실습생은 실습지도 교사의 안내에 따라 상황에 맞는 포토존을 구성한다. 또 부모를 대상으로 한 행사가 계획되어 있는 경우에도 마찬가지이다. 부모참여수업을 하거나 부모교육이 있을 때도 실습생은 어린이집 전체 환경 구성에 참여한다. 이때는 행사 장소에 따라 교구장이나 교재교구를 이동시키므로, 안전에 특히 유의한다.

실습생이 어린이집 환경구성에 참여하는 경우는 어린이집마다, 실습생지도 방법에 따라 다르다. 어떤 어린이집에서는 여러 명의 실습생이 있을 경우 강당과 같은 넓은 공간에서 함께 모여 환경구성을 하도록 안내한다. 또 다른 어린이집에서는 역할을 분담한 다음, 각 교실에서 필요한 자료를 제작하도록 한다. 어떤 경우이든 실습생은 이 또한 실습의 과정임을 잊지 말고, 적극적으로 환경 구성에 참여한다.

확인해요

질문	교실 환경 구성은 어땠나요?
답변	
질문	교실 환경 구성을 위해 무엇을 만들었나요?
답변	
질문	어린이집 환경 구성을 위해 무엇을 만들었나요?
답변	

7장

실습생으로 바른 자세는 무엇일까?

소소한 이야기

질문자: 보육실습을 지도하며 좋았던 실습생은 어땠나요?

교사: 항상 밝게 웃어주던 실습생이 기억에 남아요. 영유아들과 동료 교사를 볼 때도 웃으며 적극적으로 보육실습을 했어요.

질문자: 또 기억에 남는 실습생은 어땠나요?

교사: 지도를 해 주면 항상 메모하려던 실습생도 있었어요. 지도해 준 내용은 지키려고 노력할 때도 있었고요.

질문자: 보육실습을 지도하며 어려웠던 경우도 있었나요?

교사: 한 놀이 자리에만 앉아 한 명의 영아하고만 상호작용을 하는 실습생이 있었어요.

질문자: 오해가 있었던 경우도 있었나요?

교사: 실습생이 사물함 쪽으로 가 핸드폰을 하는 듯했어요. 실습생은 아니리고 했어요. 그리고 몸이 아프거나 힘든 경우에는 그러한 상황에 대해 이야기를 해주면 이해할 수 있을 것 같아요.

질문자: 실습생에게 바라는 바가 있나요?

교사: 좋은 보육실습이 되도록 서로 노력했으면 좋겠어요.

실습생은 실습기관에서 올바른 자세로 보육실습에 임해야 한다. 보육실습기관에 따라 실습생에게 요구하는 역할과 자세가 조금 다를 수도 있지만, 일반적으로 실습기간 동안 요구되는 자세를 살펴보고자 한다.

Q44 보육실습 시간을 준수하는 바른 자세는 무엇일까?

'실습생은 지각하지 않아야 한다'

보육실습은 정해진 시간 내에 이루어진다. 따라서 실습생은 보육실습 기관의 출근 시간과 퇴근 시간 규정을 잘 따라야 한다. 실습 시작 시간이 9시라고 한다면, 실습생은 8시 50분까지 어린이집에 출근하여 실습지도 교사를 포함한 보육교직원들과 인사를 나누어야 한다. 매일 정해진 시간에 출근한 실습생은 출근부에 날인하며 그 날의 보육실습을 시작한다. 또한 퇴근 시간이 되면, 실습지도 교사와 원장님께 인사를 한 후, 퇴근한다.

보육실습을 하다 보면 실습을 나가지 못하여 결근하는 부득이한 상황이 생기기도 한다. 몸이 아픈 경우가 대표적이다. 이러한 경우에는 어린이집에 전화를 하여 현재의 건강 상태를 먼저 말씀을 드린다. 실습을 나갈 수 없다는 문자 통보보다는 어린이집에 직접 전화를 하여 하루 동안의 실습을 어떻게 해야 하는지를 여쭤본다. 어린이집 원장이나 실습지도 교사와 상의를 한 후, 결정한다. 어린이집에서 결근 허락을 받은 경우에는, 결근 일수만큼 다른 날짜에 보육실습을 하여 보육실습 총 시간 및 일수를 반드시 맞추어야 한다.

결근을 대신해서 지각을 해야 하는 경우가 있을 수 있다. 이때도 어린이집에 전화를 하여 상황을 말씀드린다. 만약 병원에 들렀다 어린이집에 가야 하는 상황이라면 이에 관해 이야기 나눈 후 진료를 받고 곧바로 어린이집으로 출근한다. 만약 비가 많이 오거나 눈이 많이 내리는 경우라면, 실습생은 어린이집에 전화를 하여 상황을 말씀드리고, 이후 대처 방법을 이야기 나눈다.

실습을 하다 보면, 의도치 않은 상황으로 결근, 지각, 조퇴를 하게 된다. 이 경우 무단으로 결근을 하거나 지각, 조퇴를 한다면 실습생에 대한 실습지도 교사의 신뢰는 흔들린다. 그러므로 실습생은 반드시 어린이집에 문의하여 상의한다.

확인해요

질문	보육실습 시작 시간을 준수했나요?
답변	
질문	보육실습 마무리 시간을 준수했나요?
답변	

Q45 보육실습 시, 바른 언어를 사용하기 위해 어떤 노력을 해야 할까?

'실습생은 바른말을 사용하기 위해 평소 바른 언어 습관을 가져야 한다'

실습생은 보육실습 시 교사로서 언어 사용에 주의하고, 바른 언어를 사용하기 위해 노력해야 한다. 실습생은 영유아에게 정확하게 전달되도록 발음을 분명하게 한다. 음성의 톤은 너무 높거나 낮지 않아 영유아와 부드럽게 이야기 나눈다. 말하는 속도는 보통으로 너무 빠르거나 느리지 않도록 주의한다. 특히, 급한 상황일 때 조급함에 너무 빠르게 말하면 영유아와의 의사소통을 방해받으므로 주의한다.

영유아와 개별적으로 상호작용을 하거나 집단 활동을 할 때는 영유아의 이름을 불러준다. 실습생은 영유아와 눈높이를 맞추어 말한다. 영유아의 발달 수준을 고려하여, 영유아가 이해 가능한 단어를 사용한다. 문장은 간결해야 한다. 영유아의 반응을 살펴가며, 의사소통한다.

최근에는 줄임말이나 비속어를 일상에서 자연스럽게 쓰는 경우를 볼 수 있다. 이러한 언어의 사용은 영유아와의 상호작용에 어려움을 야기할 뿐 아니라 영유아에게 바람직하지 않은 언어 습득을 가져오게 되므로 주의한다.

따라서 실습생은 바른말을 사용하기 위해 평소 바른 언어 습관을 가지도록 노력해야 한다. 적당한 속도와 톤으로 말하기, 표준어 사용하기, 바른 자세로 말하기, 부적절한 언어 사용하지 않기 등을 습관화하도록 노력한다. 이를 위해서 실습생은 평소 자신의 언어 습관을 점검해본다. 평소 목소리의 크기가 너무 작은지, 말하는 속도가 빠른지, 발음이 불분명한지, 끝을 흐리는지 등 언어 습관을 확인해 본다. 대학에서 모의수업을 하며 그 과정을 동영상 촬영한 후, 천천히 살펴본다면 자신의 언어 습관을 파악하는 데 도움이 될 것이다.

확인해요

질문	보육실습을 하며 영유아와 상호작용 시 바른 언어를 사용했나요?
답변	
질문	보육실습을 하며 영유아 활동 시 바른 언어를 사용했나요?
답변	

Q46 보육실습 시, 한 명의 영유아에게 집중해도 될까?

'실습생은 여러 명의 영유아와 상호작용해야 한다'

실습생은 보육실습을 하며 영유아와 상호작용을 한다. 한 명의 영유아와 개별적으로 상호작용을 하기도 하고, 집단으로 여러 명의 영유아와 상호작용을 하기도 한다. 도움을 요청하거나 특별한 상황으로 인해 한 명의 영유아와 상호작용을 하는 경우가 아니라면, 실습생은 주로 여러 명의 영유아와 상호작용을 해야 한다.

영유아가 놀이를 할 때, 실습생은 영유아들을 전체적으로 바라보며 모든 영유아의 놀이에 관심을 가져야 한다. 보육실습을 시작한 1주차에는 실습생도 실습에 적응해 가는 과정에서 친밀감이 높은 영유아의 놀이에 주로 참여하며 1:1 상호작용을 하는 모습을 보이기도 한다. 여러 영유아와 친밀감을 쌓기 위해서는 한 명의 영유아에게만 긴 시간 동안 집중하여 상호작용하지 않도록 주의한다.

집단 활동을 할 때면 되도록 모든 영유아에게 관심을 기울이며 상호작용하도록 실습생은 노력한다. 영유아의 수가 많을수록, 모든 영유아의 참여를 이끄는 것은 쉽지 않다. 그러나 모든 영유아와 골고루 시선을 맞추고자 노력해야 한다. 예를 들어, 동화 듣기를 한다면, 동화를 들려주는 중간중간에 영유아를 왼쪽에서 오른쪽으로 바라보며 동화에 집중하고 있는지를 파악한다.

처음으로 집단 활동을 계획하여 실행한 실습생은 언어적 상호작용에 적극적이거나 활동에 반응을 보이는 한 명의 영유아만을 바라보며 활동을 마치기도 한다. 활동을 하는 그 순간의 긴장감으로 모든 영유아의 반응을 살피지 못하는 경우이다. 여러 번 활동을 진행하다 보면, 점점 익숙해져서 더 많은 영유아와 상호작용을 해나갈 수 있다. 이를 위한 노력이 더해진다면 영유아의 활동 참여는 더욱 높아진다. 이야기 나누기를 할 때는 여러 명의 영유아로부터 생각이나 느낌을 들어보자. 한 명의 영유아에게만 말할 기회를 주지 않도록 주의하자.

확인해요

질문	모든 영유아의 놀이에 관심을 기울였나요?
답변	
질문	활동을 하며, 모든 영유아의 참여를 지원했나요?
답변	

Q47 보육실습 시, 어떤 의상을 입어야 할까?

'실습생은 실습생으로서의 역할을 원활하게 수행할 수 있는 적절한 의상을 입어야 한다'

실습생은 보육에 관한 배움으로 어린이집 실습에 임한다. 따라서 보육실습을 원활하게 진행하기 위해서는 적절한 의상을 입어 실습을 하는 데 있어 불편함을 없애야 한다. 적절한 의상은 단정 지어 말할 수 없으며, 실습기관마다 다를 수도 있다. 다만, 실습생은 평소 즐겨 입던 의상을 떠올려보고, 보육실습을 할 때 편안하게 움직일 수 있는지를 생각해 보아야 한다.

실습생으로 보육실습 시 고려해야 할 복장이나 용모 상태를 하나씩 살펴본다. 각각을 참고하여, 보육실습을 할 때 유지하고자 노력해 본다.

실습생 이름표

실습생 이름, 소속 학교가 적힌 이름표는 실습생 신분임을 알려준다. 따라서 보육실습을 실시하는 동안에는 실습생 이름표를 달도록 한다. 대체적으로 플라스틱으로 제작된 이름표를 사용하게 된다. 다만, 영유아의 안전을 이유로 꺼리는 어린이집이 있으므로 이 경우에는 천으로 된 이름표를 사용한다.

단정하고 편안한 의상

실습생은 실습을 하며 영유아와 끊임없이 상호작용을 한다. 특히 비언어적 상호작용을 할 때, 불편함이 없어야 한다. 실습생의 몸 움직임이 자유로워야 하는 것이다. 몸을 구부리기 편해야 하고, 앉기 쉬워야 하며, 팔을 쉽게 뻗을 수 있어야 한다. 편안한 복장이라고 해서 너무 자유로운 복장이어서는 안 된다. 실습생은 교사의 역할을 하고 있으므로 단정한 복장을 해야 한다.

지나치게 화려하거나 노출이 심하지 않은 복장

실습생이 민소매 옷, 짧은 바지나 치마, 짧은 상의, 속옷이 보이는 옷, 몸에 붙는 옷, 레이스나 장식이 많은 옷 등을 입고 있다면 실습을 하는 과정에서 계속적으로 신경을 쓰게 된다. 이로 인해 실습생은 무의식적으로 상의와 하의를 내리는 행동을 반복할 수도 있다. 따라서 계속적으로 신경을 쓰이게 하는 복장은 자제한다.

연한 화장과 향수

상호작용하는 과정에서 화장품이 영유아의 얼굴에 묻기도 한다. 또한 진한 향수는 영유아에게 거부감을 줄 수 있다. 그러므로 적절하게 화장하고 향수를 사용한다.

액세서리 미사용

긴 줄의 목걸이, 큰 귀걸이는 영유아가 잡아당길 수 있다. 이 경우 실습생과 영유아 모두 다치는 안전사고가 발생하게 된다. 반지나 팔찌와 같은 액세서리의 경우에도 영유아의 손이나 몸을 긁을 수 있다. 따라서 실습생은 가급적 액세서리를 착용하지 않도록 한다.

손의 청결

실습생은 실습을 하는 동안 손톱을 짧게 깎는다. 손톱이 긴 경우, 영유아와 함께 놀이나 활동을 할 때 방해받는다. 손톱이 부러지는 상황이 발생하기도 한다. 그러므로 손톱은 짧은 상태를 유지한다. 또한 손은 언제나 청결하게 관리한다.

단정하게 묶은 긴 머리카락

머리카락이 긴 경우, 단정히 묶었을 때 영유아와 눈을 바라보며 상호작용할 수 있다. 긴 머리카락은 시야를 가릴 수 있으므로, 끈으로 묶는다. 또한 놀이하는 과정에서 머리카락이 끼는 상황이 발생할 수도 있으므로 되도록 단정히 묶고 보육실습을 한다.

실내에서 양말, 덧신, 실내화 착용

어린이집마다 실내에서 신는 신발이 있다. 덧신을 신는 어린이집이 있는가 하면, 실내화를 신는 어린이집도 있다. 만약 덧신이나 실내화를 신지 않는다면 양말을 꼭 신고 다닌다. 어떤 경우이든 너무 높지 않아야 하며, 미끄럼이 없는 양말이나 실내화를 신는다.

실외에서 운동화나 굽이 낮은 신발 착용

어린이집에서는 특별한 경우를 제외하고는 매일 바깥놀이를 한다. 실습생은 영유아와 함께 바깥놀이를 진행한다. 이를 위해서는 움직임이 편한 운동화나 굽이 낮은 신발을 신는다.

가방에 넣어둔 핸드폰

보육실습을 하며 핸드폰을 사용하지 않도록 주의한다. 보육실습 지도교사가 사진 찍기 등으로 핸드폰 사용을 요청한 상황이 아니라면, 핸드폰을 꺼내지 않는다. 그러므로 핸드폰은 출근하는 아침에 가방에 넣어 둔다.

확인해요

질문	활동하는 데 편안한 의상을 입었나요?
답변	
질문	위험할 수 있는 의상 및 액세서리를 했나요?
답변	

8장

어떻게 보육실습 지도를 할까?

소소한 이야기

질문자: 보육실습을 진행하며 학과에서 실습생 지도를 하나요?

교사: 네, 실습생 지도를 합니다.

질문자: 어떤 방법으로 실습생 지도를 하나요?

교사: 직접 어린이집을 방문하는 곳도 있고, 전화로 대신하는 학과도 있어요.

질문자: 보육실습 지도의 바람직한 방법은 무엇일까요?

교사: 정답은 없습니다. 학과와 어린이집의 상황에 맞추어 진행합니다.

질문자: 보육실습 지도를 오면, 실습생의 반응은 어떤가요?

교사: 실습지도 교수를 보고 상당히 반가워합니다. 더 힘을 내는 실습생도 있어요.

보육실습을 진행하는 동안 대학이나 어린이집에서는 실습생 지도를 한다. 특히, 지도교수의 어린이집 방문은 실습생을 격려하는 기회가 된다. 보육실습 지도 방법을 찾아본다.

Q48 어떻게 어린이집에서 보육실습 지도를 할까?

'어린이집에서는 실습생의 적응을 도와 보육실습을 마무리하도록 지도해야 한다'

어린이집에서는 실습생을 지도한다. 보육실습 지도는 실습지도 교사로부터 주로 이루어지지만 경우에 따라서는 어린이집 원장과 주임 교사도 참여한다. 어린이집에서의 보육실습 지도는 실습생의 적응을 도와 6주간 보육실습을 마무리해나가도록 지원하는 과정이다.

어린이집 원장은 보육실습이 시작된 첫 주의 첫날에 실습생을 지도한다. 앞으로 보육실습을 잘 해나가도록 격려하며 실습생에게 어린이집에 관한 정보를 제공하고, 필요 시 당부도 한다. 보육실습을 시작하고, 일주일이 지나 실습생을 지도해 주기 위해 상담을 하는 어린이집 원장도 있다. 어린이집 원장은 그동안에 실습에 임하는 실습생의 모습을 보며, 좋았던 점을 이야기해 주고 보육실습의 어려움을 듣는다.

실습지도 교사는 매일 실습생을 지도한다. 어린이집 하루 일과 과정에서 수시로 지도를 하며 보육교사에게 필요한 역할을 안내해 주는 지도교사가 있다. 또는 하루 일과를 마친 후 그 과정을 돌아보며 실습지도를 해 주는 실습지도 교사도 있다.

어린이집에서 보육실습 지도를 받을 때, 실습생은 메모지와 펜을 준비하여 기록한다. 또한 보육실습 지도교사의 지도 방식과 실습생의 성향이 다를 경우 어려움을 겪을 수도 있으므로, 서로를 이해하며 보육실습을 해야 한다.

확인해요

질문	어린이집에서의 실습지도는 어땠나요?
답변	
질문	어린이집 실습지도에서 바라는 점은 무엇인가요?
답변	

Q49 어떻게 대학에서 보육실습 지도를 할까?

'대학에서는 실습생의 상황을 파악하며 보육실습을 마무리하도록 지도해야 한다'

대학에서 보육실습 지도는 순회 지도와 전화 지도로 이루어진다. 순회 지도는 실습생이 실습하는 어린이집을 지도교수가 직접 방문하여 실습지도를 실시하는 경우이다. 순회 지도를 위해서 지도교수는 사전에 어린이집에 전화를 하여 보육실습 지도 일정을 정해야 한다. 순회 지도를 나간 지도교수는 어린이집 원장과 실습생에 관한 이야기를 나눈다. 또한 학교의 보육실습 운영 방식에 관해서도 공유한다. 그 이후에는 실습생을 만나 보육실습에 관해 듣는다. 보육실습의 진행 상황을 점검하고, 앞으로 남은 보육실습 일정도 파악한다. 또한 보육실습의 과정에서 느끼는 심리적 상태를 이야기 나눈다. 순회 지도를 하며 보육실습을 하는 어린이집의 환경도 살펴본다. 이러한 순회 지도는 보육실습을 실시한 지 4~6주차 사이에 이루어진다. 순회 지도 그 자체만으로도 실습생에게도 도움을 준다.

그러나 각 학과에서는 모든 어린이집에 순회 지도를 가지 않는다. 보육실습 어린이집에서 어린이집 방문 지도를 원하지 않거나 보육실습을 하는 어린이집과 대학의 거리가 먼 경우에는 순회 지도를 대신해서 전화 지도를 한다. 전화 지도를 할 때는 지도교수가 어린이집 원장에게 전화를 하여 실습생의 현재 실습 상황을 물어본다. 또한 학과에서 지원해야 할 사항도 확인한다. 만약 지도교수가 어린이집에 미리 문의한 후 전화로 지도한다면, 실습생과 통화를 해 볼 수 있다.

순회 지도이든, 전화 지도이든 보육실습 지도를 마친 지도교수는 보육실습 지도 결과보고서를 작성한다. 이러한 결과보고서를 모아 학과에서 보관한다.

확인해요

질문	대학에서의 실습지도는 어땠나요?
답변	
질문	대학의 실습지도에서 바라는 점은 무엇인가요?
답변	

3부

보육실습 평가하기

보육실습 후 제출해야 하는 서류는 무엇일까?
서류는 어떻게 준비해야 할까?
보육실습 후, 평가회는 어떻게 실시할까?

보육실습을 마치면서도
꼬리에 꼬리를 무는 질문들,
이에 대한 답을 찾아보자.

9장

보육실습 후 제출하는 서류는 무엇일까?

소소한 이야기

교사: 보육실습을 마무리해 가는데 어떤 서류를 드리면 될까요?

실습생: 보육실습 확인서, 보육실습 평가서, 보육실습 결과보고서, 보육실습비 영수증이 필요합니다.

교사: 그럼 보육실습 평가서, 결과보고서, 영수증 서류 양식을 준비해 주세요.

실습생: 네. 실습생 정보는 적어서 드리겠습니다. 그리고 보육실습 확인서는 2부를 받고 싶습니다.

교사: 보육실습 확인서를 2부 받아야 하는 이유가 있을까요?

실습생: 분실의 우려가 있어서 2부를 받고 싶습니다.

교사: 네. 알겠습니다.

보육실습을 마치고 난 다음, 실습생은 보육실습 관련 서류를 대학 담당 학과에 제출해야 한다. 이 서류는 보육실습 교과목을 이수하기 위한 성적 증빙 자료로 활용될 뿐 아니라 보육교사 자격증 신청 시에도 필요하다. 각 서류를 살펴본다.

Q50 보육실습 일지 파일의 어떤 내용을 검토해야 할까?

'보육실습 일지 파일은 대학에서 정한 목차 순으로 정리되어 있는지를 확인한다'

실습생이 보육실습을 마치고 오면, 각 학과에서는 보육실습 일지 파일을 확인한다. 실습생은 실습을 마침과 동시에 보육실습 일지 파일을 목차 순으로 정리해 놓아야 한다. 제때 정리를 하지 않으면, 관련 서류를 분실한다. 보육실습 일지 파일의 목차 순은 학과마다 다르다. 제시된 보육실습 일지 파일의 목차를 참고한다. 실습생이 보육실습 일지 파일을 제출하면, 교수자는 다음을 확인한다.

- 보육실습 목차 순서에 맞게 정리되어 있는가?
- 각 각의 내용은 정확하게 기재되어 있는가?
- 서명이 필요한 부분은 기재되어 있는가?
- 출근부의 정보는 명확한가? 실습생과 실습지도 교사는 모두 서명(인)을 했는가?
- 총 30일 분량의 보육실습 일지가 있는가?
- 보육실습 일지 각각에 실습생, 실습지도 교사, 어린이집 원장의 확인이 있는가?

보육실습 일지를 검토하다 보면, 연도를 잘못 쓴 경우를 볼 수 있다. 12월에서 1월로 보육실습을 진행하는 경우로 2024년 12월, 2024년 1월로 기재했을 때이다. 이런 경우는 수정을 해야 한다. 주요한 내용을 수정할 때는 잘못된 부분에 빨간색으로 두 줄을 그은 다음, 어린이집 직인을 찍어야 한다. 또한, 어린이집마다 각각의 서류 양식이 조금 다를 수 있다. 보육실습 일지만 보더라도 그 양식이 다르다. 이 경우에도 어린이집 양식을 따르되, 꼭 보육실습 일지 파일의 목차 순에 맞추어 해당 내용을 넣어두어야 한다. 어린이집 상황에 따라, 연간, 월간, 주간의 계획안은 없을 수 있으므로 어린이집에서 제공해 주는 계획안을 끼운다.

목 차(예시)

보육실습생 및 보육실습기관 정보

[보육실습생 신상카드]
[보육실습생 서약서]
[보육실습생 준수사항]
[보육실습생 출근부]
[보육실습기관 현황]
[보육실습 계획표]

보육실습기관 계획안

[보육실습기관 연간보육계획안]
[보육실습기관 월간보육계획안]
[보육실습기관 주간보육계획안]

보육실습 일지

[보육실습 일지]

보육활동 및 교재교구 제작계획안

[영역별 활동계획안]
[반일(일일) 활동계획안]
[교재교구 제작계획안]
[영유아관찰기록]

보육실습평가

[보육실습생 실습 소감]
[보육실습생 자기평가표]

기타

[보육실습비 영수증]

Q51 보육실습 확인서의 어떤 내용을 검토해야 할까?

'보육실습 확인서는 실습생 이름부터 학과장 확인까지 전체적으로 검토해야 한다'

보육실습 확인서는 6주 30일이라는 시간 동안 보육실습 요건을 충족하는 어린이집에서 현장 보육실습을 수행했음을 확인해 주는 증빙 서류이다. 보육교사 자격증을 취득하는 데 필요한 가장 중요한 서류 중 하나이다. 만약 보육실습 확인서에 그 내용을 잘못 기재했거나 보관을 잘못 했을 경우에는 보육교사 자격증을 신청할 때 보류될 수 있다.

보육실습 확인서는 보육실습을 시작한 날 또는 마치는 날 어린이집 원장이 어린이집 지원 시스템에 실습생 등록을 한 다음, 출력해야 한다. 출력한 보육실습 확인서는 어린이집 원장의 확인을 받는다. 만약 시스템에 실습생을 등록하지 않는다면, 자격증 신청에 필요한 서류를 따로 준비해야 한다. 준비해야 하는 서류는 보육실습 확인서(자필 작성), 어린이집 인가증, 보육교사 자격증 사본을 포함한다.

또한 보육실습 확인서는 보육실습을 마친 다음에는 수정하기 어렵다. 따라서 보육실습 확인서를 작성한 다음에는 출력하여 그 내용이 정확히 기재되었는지를 확인한다. 이와 더불어 보육실습 확인서는 보육실습을 시작하는 날 각 내용을 기재해 두었다가, 보육실습을 마치는 날 출력하는 것도 하나의 방법이다.

사례)

한 실습생이 어린이집 실습을 시작했던 날, 어린이집 원장으로부터 담당 교수에게 전화가 왔다. 실습생 등록을 하려고 봤더니, 어린이집 평가인증 기간이 지났다는 내용이었다. 어린이집 원장이 바뀌는 과정에서 어린이집 평가 인증 기간을 정확히 파악하지 못했던 것이다. 그 실습생은 어린이집 원장의 도움을 다음 날부터 보육실습 기준을 충족하는 어린이집에서 다시 보육실습을 시작하였다.

사례에서와 같이, 실습생 등록을 포함한 보육실습 확인서의 작성은 보육실습을 시작하는 날 한다. 보육실습 확인서의 출력만, 보육실습을 마친 후 한다. 보육실습 확인서에 담긴 내용과 검토해 보아야 하는 사항을 구체적으로 살펴본다.

실습생 정보

이름

실습생 이름이 정확하게 기재되어 있어야 하며, 이름에 오타가 없는지를 확인한다.

생년월일

실습생의 생년월일이 정확하게 기재되어 있는지를 확인한다.

양성교육기관명

실습생이 소속된 학교의 이름이 정확하게 기재되어 있는지를 확인한다. 간혹 어린이집 이름을 적거나 유사한 학교 이름을 적거나 학과 이름을 잘못 쓰는 경우가 있다.

어린이집 정보

실습기관명

어린이집의 전체 이름이 정확하게 기재되어 있는지를 확인한다.

기관종류

영유아보육법에 제시된 어린이집 유형으로 국공립, 사회복지법인, 법인·단체, 직장, 협동, 가정, 민간 어린이집 중에 기재되어 있는지를 확인한다.

실습기관 인가 정원

15명 이상의 정원으로 기재되어 있는지를 확인한다.

최초인가일

어린이집이 인가받은 날이 제시되어 있으며, 보육실습을 하기 이전에 해당하는지를 확인한다.

평가제와 평가 등급

평가제를 받은 어린이집이라면 평가제 부분에 동그라미 표시가 되어 있어야 한다. 평가 등급은 A, B 중에 기재가 되어 있고, 평가 주기 시작일은 보육실습을 시작하기 전이어야 한다. A, B 등급을 받은 어린이집의 경우 그다음 평가는 3년 주기인 점을 참고한다.

평가인증제와 인증 유효 기간

평가제에 내용을 기재하지 않았다면, 평가인증제에 기재 되어 있어야 한다. 인증 유효기간은 실습 기간과 함께 살펴보아야 한다. 평가인증제는 평가 유지 기간이 시작일과 마지막일을 제시해야 한다.

실습지도 교사 정보

이름
실습지도 교사의 이름이 정확하게 기재되어 있는지를 확인한다.

자격 종류
보육교사 1급 자격증으로 기재되어 있는지를 확인한다.

자격 번호
부여받은 자격 번호가 정확하게 기재되어 있는지를 확인한다.

3인 이내 지도 확인
'예'에 체크되어 있는지를 확인한다.

※ 보육실습 출근부나 일지를 검토하여 보육실습 지도 교사가 2명이었다면, 2명 모두의 이름, 자격 종류, 자격 번호, 3인 이내 지도 확인이 제시되어 있어야 한다. 즉, 보육실습 확인서에 등록을 할 때, 2명을 모두 넣어야 하는 것이다.

실습기간 정보

실습기간
출근부, 보육실습 일지에 기재된 실습기간과 일치하도록 제시되어 있어야 하며 총 30일이 되어야 한다. 보육실습은 6주를 원칙으로 하지만, 월요일~금요일 6주간 실습을 하지 않은 경우로 수요일~화요일 7주로 표기될 수 있다. 즉, 공휴일이 포함된 경우에는 6~8주로 표기가 되어 있게 되며, 이는 시스템에서 자동으로 측정된 값이다.

실습시간

실습시간은 오전 9시~오후 5시까지 하루 8시간 보육실습을 6주간 했다면, 240시간으로 적혀 있으며, 오전 9시부터 오후 6시까지 휴게 시간을 포함하여 하루 9시간 실습을 했다면 270시간으로 적혀 있어야 한다. 간혹, 248시간, 279시간으로 적힌 보육실습 확인서를 볼 수 있으며, 이는 30일보다 하루 더 보육실습을 진행한 것이다. 대체적으로 실습생의 건강 이상으로 하루 실습을 하지 못하고 대신 실습 마지막날에서 하루 더 보육실습을 진행한 경우이다. 이런 경우 반드시 증빙 서류를 첨부해야 한다.

※ 만약, 240시간이나 270시간을 넘는 경우는 가정 체험학습기간이나 병결 등으로 인한 것으로 관련 사항은 반드시 보육실습 확인서에 기재한 후, 어린이집 직인을 받아와야 한다.

예) 7월 15일은 보육실습생의 건강 이상으로 실습을 하지 못함(어린이집 직인)

실습 확인 정보

어린이집 원장

원장 성함을 쓰고, 도장이 찍혀 있는지를 확인한다.

학과장

학과장 성함을 쓰고, 도장이 찍혀 있는지를 확인한다.

확인해요

질문	실습생 정보는 정확하게 기재되었나요?
답변	
질문	어린이집 정보는 정확하게 기재되었나요?
답변	
질문	실습지도 교사 정보는 정확하게 기재되었나요?
답변	
질문	실습기간 정보는 정확하게 기재되었나요?
답변	
질문	실습확인 정보는 정확하게 기재되었나요?
답변	
질문	보육실습 확인서에 잘못 기재된 내용이 있나요?
답변	

Q52 보육실습 평가서의 어떤 내용을 검토해야 할까?

'보육실습 평가서는 실습생 이름부터 어린이집 원장 확인까지 전체적으로 검토를 해야 한다'

보육실습 평가서는 6주간의 현장 보육실습을 바탕으로 하여 어린이집에서 실습생을 평가하는 서류이다. 보육실습 평가서는 주어진 각 항목별로 점수를 부여하고, 총점을 매기도록 하고 있다. 보육실습 평가서는 보육실습 마친 다음 평가를 실시한다.

어린이집에서는 실습생의 지도 교사의 의견을 반영하여 보육실습 평가서의 점수를 부여한다. 이는 보육실습 교과목 점수에 반영되므로 신중히 작성한다. 그다음에는 점수 부분에 테이프를 붙여 주는 어린이집이 있는가 하면, 보육실습 평가서를 동봉한 다음에 테이프로 붙이고 그 위에 어린이집 직인을 찍어 주기도 한다. 보육실습 평가서에 제시된 내용은 다음과 같다.

성명

실습생 이름을 정확하게 기재한다.

생년월일

실습생 생년월일을 정확하게 기재하며, 이는 보육실습 확인서와 동일해야 한다.

보육실습기관명

어린이집 이름을 정확하게 기재한다.

보육실습기간

실습한 시작 날과 마친 날을 정확하게 기재하며, 이는 보육실습 확인서와 동일해야 한다.

점수

평가 영역별 평가 항목에 따라 점수를 부여한다. 각 점수는 5점에서 15점으로 부여한다.

총점

총점은 100점을 만점으로 하여 각 각의 점수를 합산한 것으로 한다. 간혹, 각 항목별 점수와 총점이 다를 수 있으니 정확히 확인한다.

보육실습 지도교사

보육실습 지도교사의 이름을 쓰고 도장을 받는다.

어린이집 원장

원장의 이름을 쓰고 도장을 받는다.

확인해요

질문	보육실습 평가서는 제출했나요?
답변	
질문	보육실습 평가서 점수의 합은 정확한가요?
답변	

Q53 보육실습 결과보고서의 어떤 내용을 검토해야 할까?

'보육실습 결과보고서는 실습생 이름부터 어린이집 원장 확인까지 전체적으로 검토를 해야 한다'

보육실습 결과보고서는 6주간 진행된 보육실습 내용을 종합하는 것이다. 1~6주차까지의 내용을 기재하도록 되어 있는 보육실습 결과보고서는 보육실습을 시작한 날부터 주차를 계산하여 기술하거나 매주 월요일을 시작으로 하여 주차를 늘려 기재한다.

결과보고서는 그 양식에 맞게 내용을 기재하여, 어린이집 원장의 확인을 받는다. 보육실습 결과보고서는 보육실습의 마지막 날 작성하여 제출한다.

실습생 정보

보육실습생 성명, 학과, 보육실습 기간, 학번, 주민등록번호(앞번호), 주소, 전화번호를 정확하게 기재한다.

보육실습기관 정보

어린이집 기관명, 기관유형, 주소, 전화번호를 기재한다.

보육실습 내용

6주간의 보육실습 내용을 간략하게 기재한다. 예를 들어, 영유아 관찰, 교사 수업 보조, 부분 수업, 연계 수업, 종일 수업, 영유아교재교구 제작 등의 내용을 적는다.

보육실습 평가결과

보육실습 평가서의 각 항목별 점수를 합산하여, 점수를 기재한다. 보육실습 평가서에 기재된 점수와 동일해야 한다.

보육실습 기관

어린이집 원장의 성함을 쓰고, 직인을 찍는다.

확인해요

질문	보육실습 결과보고서는 제출했나요?
답변	
질문	보육실습 결과 보고서에 원장의 확인은 있나요?
답변	

Q54 보육실습 영수증은 보관해야 할까?

'보육실습 영수증은 지불한 보육실습비를 증빙하는 서류이다'

실습생은 보육실습을 하며, 그 비용을 지불한다. 보육실습비는 실습지도 비용, 급간식 비용 등을 포함하여 책정된다. 어떤 어린이집에서는 교재교구 제작에 필요한 재료를 구입하는 비용을 포함한 보육실습비를 받는다. 이렇게 책정된 보육실습비는 5~20만 원까지 다양하다.

또한 보육실습비에 관한 지원은 학과마다 다르다. 어떤 학과에서는 보육실습비를 전액 지원해주는가 하면, 어떤 학과에서는 실습생이 그 비용을 전액 부담한다. 보육실습비는 실습을 시작한 첫날 지불해야 하며, 실습생은 보육실습비 영수증을 받아 보관한다. 보육실습비 영수증에 제시된 내용을 살펴본다. 각 내용을 기재하여 확인한다.

보육실습비

지불한 보육실습비를 적는다. 금액을 정확하게 기재한다.

성명

실습생 이름을 적는다.

소속

대학 이름을 적는다.

어린이집 명

어린이집 이름을 쓰고, 직인을 받는다.

확인해요

질문	보육실습 영수증은 받았나요?
답변	

10장

보육실습 후 평가회를 실시할까?

소소한 이야기

질문자: 6주간의 보육실습을 모두 마쳤습니다. 이제 모든 과정이 끝났나요?

교수: 아닙니다. 보육실습의 마지막 단계에서는 평가회를 합니다.

질문자: 보육실습 평가회는 어떻게 진행을 하나요?

교수: 보육실습 평가회는 실습과정을 다른 실습생들과 나누는 시간으로 가지게 됩니다.

질문자: 보육실습 평가회 준비는 어떻게 해야 할까요?

교수: 보육실습 과정을 정리하여 발표 자료를 구성합니다. 발표 자료에는 어린이집 현황, 보육실습 과정, 보육실습에서 기억에 남은 활동이나 교재교구, 보육실습을 하면서 느꼈던 점으로 구성해 주세요.

질문자: 보육실습 평가회 발표 자료를 구성하며 주의할 점이 있을까요?

교수: 영유아의 개인정보, 즉 사진이나 이름은 들어가지 않도록 합니다.

보육실습과 관련한 모든 서류를 제출하여 검토한 다음에는 보육실습 평가회를 통해 그동안의 보육실습을 마무리한다. 보육실습 평가회에서는 보육실습의 과정을 떠 올려보며 좋았던 점과 개선할 점을 찾아본다. 실습생들은 보육실습 평가회를 진행하며 보육, 보육교사에 관해 다시 생각해 보는 기회를 가진다.

Q55 어떻게 어린이집에서 보육실습 평가회를 할까?

'어린이집에서는 보육실습 마지막 날 다 함께 보육실습 평가회를 실시한다'

6주간의 보육실습을 마치고 나면, 어린이집에서는 보육실습 평가회를 한다. 보육실습의 마지막 날 하루 일과를 마치고 다 함께 보육실습 평가회를 한다. 보육실습 평가회를 할 때는 어린이집 원장, 보육실습 지도교사, 실습생 이외에도 다른 보육교사가 함께 할 수 있다. 어린이집에서는 보육실습 평가회를 진행하기 위해 편안한 분위기에서 이야기를 나눌 수 있는 공간을 마련한다. 그다음 보육실습 평가회를 실시하며, 다음의 내용을 주로 다룬다.

- 실습생의 전체적인 소감
- 어린이집 원장 및 지도교사의 칭찬과 격려
- 어린이집 원장 및 지도교사의 조언

물론 이 과정에서는 보육교사 자격증 취득 이후의 진로에 관해서도 생각을 나눈다. 경우에 따라서는 실습생을 격려하기 위해 영유아들이 그리거나 적은 편지를 실습생에게 전달한다.

모든 어린이집에서 보육실습 평가회를 진행하는 것은 아니다. 일부 어린이집에서는 보육실습 마지막 날 서류를 전달하며 어린이집 원장과 지도교사가 함께 인사를 나누는 것으로 마무리되기도 한다.

확인해요

질문	어린이집에서 보육실습 평가회를 했나요?
답변	
질문	어린이집에서 보육실습 평가회를 하며 어떤 이야기를 나누었나요?
답변	

Q56 어떻게 대학에서 보육실습 평가회를 할까?

'대학에서는 보육실습을 마친 후 그동안의 과정을 정리하며 보육실습 평가회를 한다'

어린이집에서 보육실습을 마치고 난 다음에는 보육실습 평가회를 한다. 흔히들 평가회는 어떤 일이나 행사를 진행한 다음 그 과정과 결과를 돌아보는 시간이다. 대학에서 실시하는 보육실습 평가회도 보육실습을 마친 후 그동안의 과정을 정리하며 돌아보는 기회를 제공한다.

대학에서 실시하는 보육실습 평가회는 여러 가지 방법으로 진행된다.

먼저, 실습에 참여한 실습생들을 중심으로 보육실습 평가회를 진행할 때이다. 이 경우에는 자신이 실습했던 어린이집의 현황을 소개하고, 실습했던 내용을 안내한다. 또한 실습을 통해 배웠던 점을 함께 공유하는 시간이 된다. 실습생은 이 과정에서 실습과 어린이집의 다양성을 경험한다.

학과 전체 학생을 대상으로 보육실습 평가회를 준비하는 경우도 있다. 이때에는 실습했던 어린이집의 현황을 안내하고, 보육실습 사례를 발표한다. 이 평가회는 앞으로 보육실습을 해야 하는 학생들에게 어린이집과 보육실습에 관한 정보를 제공한다.

확인해요

질문	보육실습 평가회 자료는 준비했나요?
답변	
질문	보육실습 평가회를 준비하며, 보육실습 과정을 돌아보았나요?
답변	

4부

보육실습 마무리하기

보육교사 자격증을 신청에 필요한 서류를
어떻게 준비할까?
보육교사 자격증을 단계적으로 취득해 볼까?
보육실습 궁금증은 또 무엇이 있을까?

보육교사 자격증을 취득하는 데 꼬리에
꼬리를 무는 질문들, 이에 대한 답을
찾아보자.

11장

보육교사가 자격증을 취득하려면 무엇을 해야 할까?

소소한 이야기

질문자: 보육교사 자격증을 취득하기 위해 어떻게 해야 할까요?

교수: 보육교사 자격증 취득에 필요한 서류부터 준비해야 합니다.

질문자: 서류를 준비한 다음에는 어떻게 해야 할까요?

교수: 서류를 준비한 다음에는 보육교사 자격증 신청서를 작성한 후 관련 서류와 함께 심의 기관에 제출하면 됩니다.

질문자: 보육교사 자격증 취득 과정은 어려울까요?

교수: 서류 준비를 잘 한다면, 어렵지 않습니다. 보육실습을 하고, 보육 관련 교육과정을 이수했다면, 자격증을 제때 취득하는 것이 좋습니다.

보육실습을 마치고, 보육실습 교과목을 이수하여 졸업을 한다면 보육교사 자격증을 취득하기 위한 모든 과정이 마무리된다. 졸업 후 바로 보육교사 자격증을 신청한다. 시간이 지나면, 관련 서류를 분실할 수 있다. 또한 졸업과 동시에 보육교사로 취업을 하게 되면 보육교사 등록을 위한 보육교사 자격 번호가 있어야 한다. 필요에 따라 보육교사 자격증을 취득하려고 신청하고자 했을 때, 자격증 심의를 받는 기간이 오래 걸리게 되면, 제때 보육교사 자격증을 취득하지 못한다. 보육교사로 취업이 취소될 수도 있다. 따라서 보육교사 자격증 취득까지 마무리하기를 바란다.

Q57 보육교사 자격증 신청에 필요한 서류는 무엇일까?

'보육교사 자격증을 신청하는 데 필요한 서류는 실습 상황에 따라 필수 서류와 추가 서류로 나뉜다'

보육교사 자격증을 신청하기 위해서는 각각의 서류를 준비해야 한다. 이러한 서류 중에는 모든 보육교사 자격증 신청자가 제출해야 하는 필수 서류와 실습생 개인의 상황에 따라 제출해야 하는 추가 서류가 있다. 또한 자격증 신청에 필요한 서류는 대학이나 보육교사 양성기관에 따라서도 다를 수 있으니, 반드시 개별적으로 확인한다.

자격증 신청 방법은 단체 신청과 개별 신청이 있다. 단체 신청을 할 경우, 동일한 시기에 입학한 실습생 5명 이상을 모아 각각의 서류를 준비하여 제출한다. 이때, 한 명의 실습생 서류에서 문제가 생기면, 다른 실습생의 심의도 지연될 수 있으므로, 주의한다. 단체 신청과 개별 신청 여부는 학교마다 다르다. 여기서는 개별 신청에 따른 서류 제출을 살펴본다. 먼저, 개별적으로 준비해야 하는 필수 서류이다.

서류	참고사항
대학교 졸업증명서	원본 1부
대학교 성적증명서	원본 1부
보육실습 확인서	원본 1부
보육교사 자격증 발급신청서	원본 1부

대학교 졸업증명서

대학교를 졸업한 날로부터 발급받은 졸업 증명서이다. 대학 졸업예정증명서를 제출하지 않는다.

대학교 성적증명서

대학교를 졸업한 날로부터 발급받은 성적 증명서이다. 최종 성적 증명서이어야 한다.

보육실습 확인서

어린이집에서 받아온 보육실습 확인서로 구겨지지 않은 깨끗한 상태이어야 한다.

보육교사 자격증 발급 신청서

보육교직원 통합정보 홈페이지에서 회원 가입 후, 신청서를 작성한다. 이는 보육교직원 통합정보-자격-개인자격증 신청을 통해서 작성한다. 작성한 다음에는 출력한다.

다음으로는 개별적으로 준비해야 하는 추가 서류이다.

서류	참고사항
유사교과목 확인서	원본 1부
유사교과목 강의계획서	각 교과목별 원본 1부
유사교과목 관련 공문	원본 1부
기타(가정통신문)	원본 1부

유사교과목 확인서

보육 관련 교과목 중에서 법정 교과목명과 실제 수강 교과목명이 다른 경우에는 유사교과목 확인서를 작성하여 제출한다. 제시된 교과목은 유사교과목 확인서를 제출해야 한다. 이 외에도 법정 교과목명을 기초로 하여 이수한 교과목명과 다를 경우에는 유사교과목 확인서를 작성한다. 작성한 유사교과목 확인서는 학과장의 도장을 받아야 한다.

법정 교과목명	개설 교과목명
아동권리와 복지	아동복지론
영유아발달	영유아발달과 교육
놀이지도	유아놀이지도
아동음악(아동동작, 아동미술)	유아음악교육(유아동작교육, 유아미술교육)
아동수학지도(아동과학지도)	유아수학교육(유아과학교육)
아동문학	아동문학교육

유사교과목 강의계획서

유사교과목 확인서에 기재된 모든 교과목의 강의계획서를 제출한다. 이수한 연도와 학기에 맞게 해당 교과목의 강의계획서를 제출한다.

유사교과목 관련 공문

유사교과목 확인서와 강의계획서에 따라, 심의를 받기 위해서는 대학에서 유사교과목 관련 공문을 보내야 한다. 이 공문이 해당 기관에 보내질 때, 보육교사 자격증 심의를 시작할 수 있다.

기타

보육실습을 연속적으로 하지 못한 경우, 이를 증빙하는 서류를 제출한다. 예를 들어 가정통신문이나 병원 진료 확인서를 함께 제출해야 한다. 또한 방학 중 보육실습을 하고 이후 휴학으로 인해 보육실습 교과목을 이수하지 못했다면 이를 증빙하는 서류도 제출해야 한다.

확인해요

질문	보육교사 자격증 취득에 필요한 서류를 모두 준비했나요?
답변	

Q58 보육교사 자격증을 신청하는 과정은 어떨까?

'보육교사 자격증을 신청하는 과정은 보육교사 자격증 신청에 필요한 교과목 수강여부 확인에서 시작하여 자격증을 수령하기까지 이루어진다'

보육교사 자격증을 신청하는 과정은 단체 신청과 개별 신청에 따라 다르다. 앞서 말했듯, 단체 신청은 동일한 시기에 졸업하는 동일한 대학에 입학한 5명 이상의 실습생이 모여 신청가능하다. 개별 신청은 개별 실습생이 신청하는 경우로 여기서는 개별 신청 방법을 다룬다.

보육교사 자격증 신청을 위한 교과목 수강여부 확인

보육교사 자격증을 신청하기 위해서는 보육실습 법적 기준을 충족하는 어린이집에서 현장 보육실습을 해야 할 뿐 아니라 교과목을 각 영역에 맞게 이수해야 한다. 보육교사 2급 자격증을 취득하기 위해서는 17과목 51학점 이상을 이수해야 한다. 이 중에는 필수 교과목과 선택 교과목이 있으므로, 각각에 맞게 확인한다.

보육교사 자격증 신청에 필요한 서류를 준비

보육 관련 교과목을 모두 이수했다면, 보육교사 자격증 신청을 위해서 서류를 준비한다. 각 각의 서류는 원본으로 제출한다..

보육교직원 통합정보에서 보육교사 자격증 발급 신청서를 작성

서류 준비를 모두 마치고 나면, 자격증에 들어갈 사진을 준비한다. 그다음에는 보육교직원 통합정보 홈페이지에 접속하여 개인적으로 로그인을 한다. 로그인을 위해서는 먼저 회원가입을 해야 한다. 그 이후 보육교사 자격증 발급신청서를 작성한다. 이때 주소는 자격증을 받을 장소로, 정확하게 기재한다. 출력한 다음에는 서명한다.

보육교사 자격증 발급 신청 수수료 지불

보육교사 자격증 발급을 위해서는 해당기관에서 심의를 받아야 한다. 이를 위해서는 심의에 필요한 수수료를 지불해야 한다.

보육교사 자격증 신청 서류를 등기로 발송

보육교사 자격증 발급신청서까지 준비하고 난 다음에는 모든 서류를 자격증 심의기관에 보낸다. 서류는 등기로 보낸다.

보육교사 자격증 신청 진행 과정을 확인

보육교사 자격증 신청에 필요한 서류를 보내고 난 다음에는 심의 과정을 보육교직원 통합정보 홈페이지에 로그인하여 살펴본다. 간혹 서류 미비 및 보육실습 확인서의 문제로 보육교사 자격증 신청이 보류된다. 이런 경우에는 추가적인 서류를 요청하므로, 자격증을 받기까지는 신청 후 진행 과정을 확인한다. 만약 정해진 기간까지 서류를 다시 제출하지 않는다면, 보육교사 자격증 신청 과정을 처음부터 다시 시작해야 하므로, 유의한다.

보육교사 자격증을 수령

모든 심의가 끝나면, 보육교사 자격증을 수령한다. 보육교사 자격증은 보육교사 자격증 발급 신청서에 기재된 주소로 등기 발송된다.

확인해요

질문	보육교사 자격증을 취득하는 과정을 확인했나요?
답변	

12장

보육실습에 관한 예비실습생의 이야기를 들어볼까?

소소한 이야기

교수: 이제 보육실습을 나가려면 1주일 남았어요. 보건증까지 모두 준비했나요?

질문자: 네.

교수: 보육실습 전에 오리엔테이션이 있어요. 일정 확인하세요.

질문자: 네.

교수: 보육실습 관련해서 궁금한 점은 없나요?

질문자: 만약, 보육실습 중에 문제가 생기면 어떻게 하나요?

교수: 실습지도 교수님들께 연락하면 됩니다.

질문자: 보육실습을 마치면, 늦은 시간인데도 괜찮나요?

교수: 5시나 6시에 보육실습을 마치고 나서 연락하도록 해요. 물론 급한 상황이 아니라면 실습 중에는 핸드폰을 사용하지 않아요.

실습생이 경험하게 될 보육실습은 그동안 배우지 않았던 보육의 많은 부분을 담게 된다. 보육실습 현장은 매우 다양하므로, 실습생은 알지 못했던 많은 부분을 경험하게 되는 것이다. 이에 따라서 실습생은 보육실습을 하며 여러 가지 질문을 한다. 정확히 알지 못할 때는 오히려 질문을 하여 답을 찾는 게 이후의 실수를 줄이는 방법이기 때문이다. 그동안, 보육실습 교과목을 담당하며 실습생을 지도했고, 그 과정에서 보육실습 관련 질문을 받아왔다. 자주 있었던 질문을 모아 12장에서 소개한다.

Q59 어떤 어린이집에서 보육실습을 하면 좋을까?

'보육실습을 할 좋은 어린이집의 조건은 개인마다 다르다'

보육실습을 하기에 좋은 어린이집은 어떤 곳일까? 보육실습지를 정할 때는 이 기준을 곰곰이 생각한다. 6주간의 짧지 않은 보육실습이므로, 조금 더 바랐던 보육실습을 위해 여러 가지를 생각한다. 잘 맞는 보육실습 지도 교사를 만나고 싶다는 생각을 하는 실습생도 있다. 이 경우에는 보육실습 교사의 이직으로 바라던 보육실습 지도 교사를 만나지 못하는 경우가 생긴다. 보육실습 직전에 지도 교사가 변경되기도 한다. 보육실습 어린이집을 정하는 과정에서 실습생의 머릿속은 복잡해진다.

보육실습을 할 좋은 어린이집의 조건은 개인마다 다르다. 정답이 없다. 그러나 보육실습을 하고 싶은 어린이집의 조건은 생각해 보아야 한다. 그 첫째 조건은 보육실습의 법적 기준을 모두 충족하는 어린이집이어야 한다. 법적 기준을 하나라도 충족하지 않은 어린이집이라면, 보육실습을 인정받지 못한다. 보육실습 법적 기준의 충족 여부는 여러 차례 확인해 본다. 가장 먼저 어린이집 정보 공시 사이트를 통해 온라인으로 확인한다. 이 경우에는 어린이집의 정보를 업데이트하지 않을 수 있으니 주의한다. 그다음으로 어린이집에 전화 또는 방문하여 직접 물어본다. 마지막으로 보육실습 첫날에 실습생 등록을 하며 확인한다.

둘째 조건은 거리이다. 실습생은 거주지와 보육실습 어린이집 간의 거리를 고려해야 한다. 보육실습을 시작한 첫 주에 실습생은 체력적으로 많이 힘듦을 느낀다. 보육실습 출근 시간을 준수하고, 영유아와 상호작용하며, 보육실습 일지를 작성하고 수업을 준비하다 보면 보육실습을 하고 몸살에 걸리는 경우도 있다. 그러므로 실습생은 최대한 체력을 적절히 안배하며 건강하게 보육실습을 해 나가기 위한 방법을 찾아야 한다. 거주지에서 일정 거리 내의 보육실습지를 선정한다면, 조금이나마 체력을 덜 소진하는 데 도움이 된다.

또한 거리와 함께 실습지도의 이동 수단을 생각한다. 거리상 비슷한 두 어린이집을 두고 고민한다면, 조금 더 이동하기 편한 곳을 어린이집으로 정한다.

셋째 조건은 보육교사로 진로이다. 졸업을 한 이후에 취업을 희망하는 어린이집에서 보육실습을 해 본다면, 그곳에서의 어린이집 운영 시스템을 이해하는 데 도움이 된다. 물론 직장 어린이집이라고 하더라도 그 운영체에 따라서 어린이집의 분위기나 운영 방식에서 차이를 보이고, 국공립 어린이집의 경우에도 원장의 운영 철학에 따라 차이를 보인다. 그럼에도 평소 취업을 희망하는 어린이집에서 보육실습을 하면, 보육교사의 하루 일과, 행사 관리, 복지 및 처우를 알 수 있다.

실습을 하다 보면, 둘째와 셋째 조건에 대한 생각이 달라지기도 한다. 지역에서 지역을 옮겨가 실습을 하는 실습생이 있었다. 보육실습을 위해 왕복 3시간 이상을 소요했다. 직장 어린이집에 관심이 많아서 선택했던 보육실습지이었다. 처음에는 거리가 멀어서 보육실습을 끝까지 마칠 수 있을지를 걱정했지만, 성실하게 보육실습을 마쳤던 실습생이다. 이 실습생은 보육실습 지도교사의 격려와 칭찬을 받으며, 보육실습을 아주 잘 마쳤다. 거리의 문제는 조금의 아쉬움으로 남을 뿐이었다.

Q60 보육실습을 위한 어린이집 사전 면접은 필수일까?

'보육실습 전, 사전 면접을 하는 어린이집이 있다'

실습생을 받기로 결정하기 전에 사전에 면접을 희망하는 어린이집 원장이 있다. 사전 면접을 요청하는 이유는 실습생에 관한 기본적인 정보를 얻기 위해서이다. 실습생 면접은 보육교사 채용을 위한 면접보다 부드러운 분위기에서 진행된다. 때로는 면접보다 실습생의 어린이집 사전 방문으로 여긴다.

사전 면접의 내용은 다음을 포함한다.

- 이름
- 나이
- 사는 곳
- 거주지와 어린이집 간의 거리
- 보육 관련 경험
- 보육교사 자격을 취득하려는 이유
- 보육실습을 하며 바라는 점
- 보육실습 희망 연령

사전 면접을 위해서 실습생은 면접 약속 시간을 준수하여 어린이집을 방문한다. 또한 면접에 필요한 서류가 있다면 미리 준비하여 챙긴다. 단정한 옷차림을 하고 밝은 표정으로 어린이집을 방문한다.

간혹, 보육실습을 위해서 사전 면접을 하러 어린이집을 방문하는 실습생을 본다. 면접을 가기 전 모습에 긴장감이 가득하다. 그러나 실제 면접을 하고 온 다음에는 보육실습에 대한 기대감을 찾아볼 수 있다. 그러므로 보육실습을 꼭 하고 싶다는 의지가 있다면, 사전 면접에 대해 너무 걱정하지 않아도 된다.

Q61 어떻게 보육실습을 하는 지도 교사 및 반을 선정할까?

'지도 교사 및 반 선정은 어린이집의 운영 방침을 따른다'

보육실습에 있어서 실습을 지도하는 교사와 반 선정은 중요하다. 실습지도 교사가 정해지면, 그 교사가 담임을 하고 있는 반에서 보육실습이 실시되거나 거꾸로 보육실습 반을 정한 다음 보육실습 지도 교사를 정하기도 한다.

보육실습 지도 교사 및 반 선정은 어린이집의 운영 방침을 따른다. 즉, 정해진 방법은 없으며 다양한 방법으로 보육실습 지도 교사 및 반을 선정한다.

먼저, 보육실습 지도 교사의 자격을 가진 보육교사가 번갈아 가며 실습생을 지도하는 어린이집이 있다. 즉, 어린이집에서는 1급 자격증을 가진 보육교사들에게 순차적으로 보육실습을 지도하도록 요청한다. 1년 동안 돌아가며 한 번씩 실습생의 보육실습을 지도하게 된다. 이런 어린이집에서는 학기초에 교사 회의를 통해 보육실습 지도 방법을 논의한다.

또 다른 방법으로 실습생에게 보육실습을 희망하는 반을 먼저 물어 이를 반영하고자 노력하는 어린이집이 있다. 만약, 실습생이 영아반에서 보육실습을 하고 싶어 한다면, 그 반에서 보육교사 1급 자격증을 가지고 있는 보육교사를 지도교사로 선정한다. 특히 재원하는 영아의 다양성으로 보조교사를 원했던 영아반이라고 한다면, 이 반에서의 실습이 결정된다.

어린이집 원장이 보육실습반을 정하는 경우도 있다. 이때는 실습생의 정보에 기초하여 반을 정한다. 예를 들어, 실습생이 유아교육과라면 교육실습을 통해 유아반에서 실습을 진행하게 되므로, 보육실습에서는 영아반에서 실습하도록 안내한다. 어떤 어린이집에서는 보육실습 지도교사의 부담을 덜어주기 위해 3주간은 유아반, 3주간은 영아반에서 실습을 하도록 정한다. 또한 어린이집 원장은 교실의 영유아 인원수를 고려하여 보육실습 반을 정하기도 한다. 물론, 어린이집 원장이 보육실습반을 정하게 되면, 해당 반 담임 보육교사의 의견을 수렴하여 최종적으로 결정한다.

보육실습 반이 결정된 실습생은 또 다른 고민을 한다. 대부분의 고민은 연령에 따른 영유아의 놀이지도 및 활동 계획이다. 그래서 보육실습을 하기 전에 실습반의 영유아에게 맞는 교육 활동을 찾아보는 실습생도 있다. 이처럼 보육실습에 관한 사항이 하나씩 결정되면, 실습생은 보육실습에 대비하며 준비를 해 나간다.

Q62 어떻게 어린이집에서 실습생을 소개할까?

어린이집에서는 보육실습을 시작하는 날과 마지막 날에 실습생으로 어린이집 구성원들에게 인사하도록 안내한다

실습생은 보육실습을 시작하는 날 먼저 어린이집 보육교사 및 영유아에게 인사를 한다. 어린이집 원장은 각 반 선생님, 조리사 선생님에게 실습생의 이름을 말해주며 6주간 함께 하게 될 실습생을 소개한다. 이후 보육실습 반으로 들어가게 되면, 보육실습 지도 교사는 영유아에게 실습생을 소개한다. 소개를 할 때는 보육실습 지도 교사가 영유아에게 직접 이야기를 하거나 실습생이 직접 자기소개를 한다. 이때 소개 내용은 실습생 이름, 실습생 소속, 실습 기간, 실습 중 바라는 점 등이다.

보육실습을 마치는 날에도 실습생으로 마지막 인사를 나눈다. 실습생은 그동안의 보육실습을 마무리하며 고마움을 전한다. 이때도 어린이집 보육교직원과 영유아들에게 인사를 한다.

또한 실습생으로 인사는 가정통신문을 통해서도 이루어진다. 즉, 어린이집에서는 늦어도 실습생이 실습을 나오기 전주에 가정통신문을 각 가정으로 보내 실습생이 어린이집에 나온다는 사실을 부모에게 알린다.

물론 보육실습을 시작한 실습생은 매일 아침에 "안녕하세요"라며 서로 인사를 나누고 매일 저녁에 "내일 뵙겠습니다"라며 인사를 한다. 가끔, 실습생의 인사로 인해 오해가 생기는 경우가 있다. 그러므로 실습생은 늘 예의 바르게 인사를 하도록 한다.

Q63 팀티칭을 하는 반에서 보육실습지도는 어떻게 할까?

'팀티칭 반에서는 보육실습 지도교사의 안내에 따라 실습을 한다'

어린이집에서는 팀티칭 반을 볼 수 있다. 유치원의 경우 한 반에 두 명의 교사가 있다면 담임 선생님과 부담임 선생님이다. 그러나 어린이집에서 팀티칭 반은 한 보육실에서 2명 이상의 담임 교사가 2반 이상의 영유아를 함께 보육하는 경우이다. 예를 들어보면, 만 1세 영아반의 경우 보육교사와 영아의 비율은 1:5이다. 이에 따라 한 보육실에서 2명의 담임보육교사와 10명의 영아가 함께 생활할 때는 팀티칭으로 볼 수 있다. 어린이집의 정원과 보육실의 크기, 그리고 영아의 발달 및 보육 지원을 위해서 팀티칭을 한다.

팀티칭 반에서 보육실습을 하게 되더라도 보육실습 지도교사는 1명으로 정해진다. 따라서 실습생은 보육실습 지도교사의 안내에 따라 영유아의 놀이 지원, 교육 활동 지원, 보육실습 지도교사의 보조 역할을 해야 한다. 보육실에서 발생한 상황에 대해서도 보육실습 지도교사와 이야기를 나누어야 한다. 팀티칭 반에서 보육실습 지도교사보다 다른 교사로부터 더 많은 지지와 격려를 받는다고 해서 심리적으로 편안한 실습지도 교사를 선택할 수 없는 것이다.

다만, 놀이나 활동계획안에 따라 수업을 진행할 때는 조금 다를 수 있다. 수업을 진행할 때는 팀티칭하는 반의 전체 영유아를 대상으로 하는 경우가 있는가 하면, 전체 영유아 중에서 보육실습 지도교사가 정해 준 일부 영유아를 대상으로 하는 경우도 있다.

교재교구를 제작할 때도 마찬가지이다. 영아반의 경우에는 동일한 놀잇감을 영아 수에 맞추어 여러 개를 제작한다. 이에 따라 놀잇감을 팀티칭하는 반의 전체 영유아를 위해 제작하도록 요청하는 보육실습 지도교사가 있다. 다양한 교재교구를 제작하기보다는 동일한 교재교구를 많이 제작하도록 하는 경우이다.

어떤 어린이집에서는 보육실습 지도교사가 다르더라도 수업 횟수 및 교재교구 제작 횟수를 동일하게 한다. 기본적인 보육실습 지도의 방법을 통일하여 운영하는 어린이집이다. 또 다른 어린이집에서는 보육실습 지도교사에게 전적으로 맡기기도 한다. 그러다 보니, 같은 어린이집에 보육실습을 나간 두 명의 실습생이 있을 때, 한 명은 2개의 활동을 하고 2개의 교재교구를 제작하지만 다른 한 명은 4개의 활동을 하고 5개의 교재교구를 제작한다. 즉, 어린이집마다 실습지도 교사에 따라 보육실습 운영 및 지도방법이 다르다.

Q64 보육실습을 중도에 포기하는 경우가 있을까?

'실습생은 여러 가지 이유로 보육실습을 중도에 포기한다'

대부분의 실습생은 6주간의 보육실습을 마친다. 그러나 실습을 하다 보면, 보육실습을 중도에 포기하는 실습생을 볼 수 있다. 보육실습을 시작한 지, 1주일 후에 보육실습을 포기하는 실습생이 있는가 하면, 3주일 후에 보육실습을 그만두는 실습생도 있다.

보육실습을 중도에 포기하는 가장 많은 이유는 체력적인 어려움이다. 실습생은 보육실습을 진행하며 변화된 생활 패턴을 경험한다. 이에 적응하기까지 체력적으로 어려움을 느낀다. 몸살을 경험하거나 감기에 걸리는 실습생도 있다. 실습생은 보육실습을 마친 저녁이나 주말 동안 적당히 휴식을 하며 체력을 회복하는 시간을 가져야 한다. 그러나 체력적으로 힘든 과정이 누적될 때, 보육실습을 중도에 그만둔다.

또 다른 이유는 보육실습에 대한 기대와 다르다고 느끼는 경우이다. 실습생은 보육실습을 하며 그동안에 대학을 다니며 배웠던 보육에 관한 사전 지식이 어린이집 현장과 다름을 느낄 때 보육실습을 중도에 포기한다. 이때, 실습생은 보육교사라는 직업을 선택하지 않겠다는 생각도 함께 가진다.

또한 보육교사와 갈등이 있는 경우이다. 실습생과 보육실습 지도교사 간의 갈등이 있거나 소통이 원만히 이루어지지 않을 때 심리적으로 힘든 실습생은 보육실습을 중단한다.

물론 보육실습을 중단하기 전에, 실습생은 보육실습 지도교수와 상의를 한다. 상의 후, 충분히 생각한 다음에 결정된 사항에 대해 어린이집 원장과 이야기를 나눈다. 보육실습을 그만두고자 할 때는 어린이집에 가서 직접 원장에게 말씀을 드려야 한다. 실습생은 문자로 보육실습의 중단을 알리지 않아야 한다.

보육실습을 3주 이상 진행하고 어느 정도 익숙해졌을 때, 보육실습을 그만

둔 실습생이 있었다. 그 이유는 건강 문제이었다. 원장 및 보육실습 지도 교사와 관계가 원만했고, 성실히 보육실습을 하고 있었지만 더 이상 보육실습을 진행할 수 없었다. 따라서 보육실습을 잘 마치기 위해서는 평소 건강하게 생활하기 위해 노력해야 한다.

Q65 연속적으로 보육실습을 하지 못할 때, 어떻게 해야 할까?

'보육실습을 연속적으로 하지 못할 때는 이를 증빙하는 서류를 준비해야 한다'

보육실습은 연속적으로 실시해야 한다. 만약, 보육실습을 연속적으로 실시하지 못한다면, 이를 증빙하는 서류를 갖추어야 한다(이 질문은 Q07을 참고한다.).

보육실습을 연속적으로 실시하지 못할 때는 먼저 실습생의 개인적인 상황으로 인해서이다. 실습생의 건강에 이상이 생겼거나 가족의 경조사로 보육실습을 연속적으로 하지 못한다. 이때는 상황에 따라 필요한 서류를 준비하고, 이 기간에 보육실습을 하지 못했다는 사실을 밝혀둔다.

다음으로 어린이집 상황으로 연속적인 실습을 하지 못할 때이다. 예를 들어, 어린이집에서 가정 체험학습을 실시하거나, 어린이집 내 전염병이 발병하여 격리를 해야 하는 경우이다. 이때는 각 내용이 기재된 가정통신문을 받아 준비한다.

사회적 상황으로 연속적으로 보육실습을 하지 못하는 상황도 있다. 코로나 19 바이러스 발병에 따라, 어린이집이 집단 휴원을 결정하게 된 경우에는 보육실습을 연속적으로 할 수 없었다. 긴급 보육이 결정되어 돌봄이 꼭 필요한 영유아를 대상으로 어린이집을 개방할 수 있지만, 어린이집에는 최소 인원만 남아 있게 된다. 이러한 경우에는 어린이집 집단 휴원을 결정한 국가기관에서 보내온 공문을 준비한다.

각 상황에 맞게 서류를 준비하게 되면, 보육실습 확인서에 관련 내용을 기재한다. 기재된 내용 마지막에는 어린이집 직인을 찍어 둔다.

Q66 교육활동 시, 보육실습 지도교사의 피드백은 언제 받아야 할까?

'교육활동 시, 보육실습 지도교사의 피드백은 사전에 받아야 한다'

실습을 시작한 지 2주차가 되면 실습생은 슬슬 교육활동을 준비한다. 교육활동을 실시하기 전에 보육실습 지도교사로부터 피드백을 받아야 하기 때문에 미리 준비를 해야 한다. 즉 사전 피드백은 교육활동을 하고 난 다음에 진행하는 평가나 조언과 다르다.

피드백을 받기 전에, 보육실습 지도교사는 실습생에게 활동계획안을 작성하도록 안내한다. 교육활동을 실시하기 일주일 전에 안내하는 지도교사가 있는가 하면, 교육활동을 실시하기 3일 전에 안내하는 지도교사도 있다. 이때에도 교육활동의 주제나 내용을 정해주는 지도교사가 있는가 하면 실습생에게 영유아의 놀이 주제에 따라 원하는 교육활동을 하도록 안내하는 지도교사도 있다. 물론 각 어린이집에서는 실습생에게 보육실습 계획을 미리 안내해주므로, 사전에 보육실습 교육활동을 준비하는 데 도움이 된다.

교육활동에 따른 사전 피드백은 1주일 전에 실시하면 좋다. 실습생이 대학에서 경험한 모의수업으로는 영유아에게 적합한 교육활동을 하는 데 어려움이 있다. 보육실습 지도교사는 교육활동의 전체적인 흐름이나 교수자료의 적절성을 검토하며 사전에 피드백을 해 준다. 실습생은 보육실습 지도교사의 피드백에 따라 활동계획안을 수정한다. 수정 후, 보육실습 지도교사의 확인을 받아, 이후 활동을 실행한다.

Q67 교육활동 시, 계획대로 진행되지 않는다면 어떻게 해야 할까?

'계획대로 교육활동이 진행되지 않는다면, 보육교사와 함께 다음 활동을 계획한다'

실습생은 보육실습을 하며 영유아를 대상으로 여러 가지 교육활동을 한다. 어떤 교육활동에서는 영유아의 주의집중을 끌며 계획대로 진행을 해나가지만 또 다른 교육활동에서는 처음부터 끝까지 계획대로 흘러가지 않는다. 실습생이 경험하는 교육활동의 성공 여부나 만족감은 다르다.

특히, 실습생은 처음으로 영유아를 대상으로 실시하는 교육활동에서 엄청난 긴장감과 부담을 느낀다. 그 어느 때보다 꼼꼼히 교육활동을 준비한다. 그러나 첫 교육활동에서 성공할 확률은 높지 않다. 영유아의 참여도가 예상밖으로 진행된다. 연령이 어릴수록 더욱 그러하다는 느낌을 받는다.

만약, 교육활동 시 계획대로 진행되지 않는다면 보육실습 지도교사와 향후 교육활동의 방향을 상의한다. 어떤 보육실습 지도교사는 조금 수정하여 다시 동일한 교육활동을 실행하도록 한다. 또 다른 보육실습 지도교사는 본 수업에서 좋았던 점과 수정할 점을 실습생과 이야기 나누고 이후 교육활동을 계획하여 반영하도록 안내한다.

실습생으로 교육활동을 계획대로 진행했다면 더 없이 자신감을 가지게 될 것이다. 그러나 학교에서 했던 모의수업과 교육활동의 상황은 다르다. 실습반 영유아의 발달 정도나 상황을 고려하여 교육활동을 계획하여 실행하더라도 예상 밖의 상황이 발생한다. 실습생은 교육활동을 성공 여부에서 더 나아가 반성적으로 사고하며 성장하는 기회로 삼아야 한다.

Q68 영유아와 상호작용할 때, 주의할 점은 무엇일까?

'영유아와 상호작용할 때는 안전에 주의한다.'

실습생이 영유아와 상호작용할 때는 안전에 주의해야 한다. 실습생은 영유아의 안전을 위협할 수 있는 언행을 하지 않아야 한다. 실습생은 바르고 고운 말을 사용해야 하며, 위협적으로 보일 수 있는 행동을 하지 않아야 한다.

간혹, 실습생이 실습을 시작한 첫날에 안전 및 아동학대에 관해 교육을 하는 보육실습 지도교사가 있다. 어린이집에서 자주 발생하는 안전 문제를 안내하고, 이에 따라 실습생으로 해야 하는 행동과 오해를 불러오는 상황을 알려준다.

영유아와 실습생 간의 상호작용은 친밀하게 이루어져야 한다. 이러한 모습은 실습생을 바라보는 영유아의 표정이나 행동에서 나타난다. 실습생의 의도와 다르게 영유아 불편함을 느끼거나 거부하는 행동을 보인다면, 실습생은 그 이유를 생각해 보아야 한다.

Q69 어떻게 보육실습비를 부담해야 할까?

'보육실습비 부담은 학교마다 다르다'

보육실습비 부담은 학교마다 다르다. 먼저 보육실습비 전액을 지원해 주는 학교가 있다. 학교에서 정한 보육실습비 기준에 따라 어린이집에 보육실습비를 낸다. 또 다른 학교에서는 보육실습비의 일부를 지원해준다. 보육실습비의 기준에 관한 권고는 있으나, 그 기준이 절대적이지 않다. 그러다 보니, 각 어린이집에서는 상황에 따라 보육실습비를 책정한다. 경우에 따라서는 동일 지역 내에 동일 어린이집 유형 간의 보육실습비를 일관되게 책정한다. 어린이집마다 보육실습비에 차이를 두다 보니, 각 학교에서는 일부 금액을 지원해 주고, 나머지 일부는 실습생에게 부담하도록 한다. 마지막으로 보육실습비를 전액 실습생이 부담하도록 하는 경우도 있다. 이 경우에는 실습생이 직접 보육실습비를 어린이집에 내거나 실습생이 학과로 보육실습비를 낸 다음 학과에서 어린이집으로 보내게 된다.

보육실습비만큼 실습생의 보험가입도 마찬가지이다. 실습생은 보육실습 중 발생하는 안전사고에 대비하여 보험에 가입할 수 있다. 이때 보험가입 비용을 지불하는 방식도 학교마다 다르다.

Q70 보육실습을 한 어린이집에 취업을 할 수도 있을까?

'보육실습 어린이집에 취업을 하는 경우도 있다'

보육실습을 마치는 날, 어린이집 원장이 실습생에게 어린이집 취업 의사를 다시 묻기도 한다. 보육실습을 시작했던 날에도 했던 질문을 다시 실습생에게 묻는 것이다. 실습생을 6주간 지도하며, 예의 바르고 성실한 모습을 본 어린이집 원장이라면 교사를 채용해야 하는 상황에 놓일 때, 실습생을 채용하고 싶어 한다. 어린이집 원장은 바른 인성을 지닌 보육교사를 채용하고 싶어 하기 때문이다.

어린이집 원장은 다음 연도를 계획하기에 앞서, 보육교사와 면담을 한다. 면담을 통해, 어린이집에서 계속적으로 근무할 것인지 또는 어린이집을 그만둘 것인지를 이야기 나눈다. 개인적인 사유로 어린이집에서 더 이상 근무하지 않겠다고 하는 보육교사가 있다면 새롭게 보육교사를 채용해야 한다. 이때, 어린이집 원장은 예의 바르고, 성실했던 실습생을 떠올린다.

실제 보육실습을 했던 어린이집에 취업을 한 실습생이 있었다. 보육교사의 근무 환경이 자신의 생각과 맞았기 때문이다. 어린이집 원장은 실습생을 보육교사로 채용하고 싶어 했지만, 유치원으로 취업을 희망했던 실습생은 어린이집에 지원을 하지 않은 경우도 있었다. 실습했던 어린이집에 취업을 바랐지만, 기존의 보육교사들이 그대로 근무하면서 지원을 하지 못하는 실습생도 있었다. 이처럼, 보육실습이 원활하게 진행되어 보육교직원과 실습생 모두가 만족을 한다면 그다음 해에는 실습생이 아닌 보육교사로 또 다른 관계를 형성할 수도 있다.

참고문헌

보육교직원 통합정보(2024). 보육교직원 보육관련 과목. https://chrd.childcare.go.kr/ctis/index.jsp에서 인출함.

참고사항

1. 본 교재에 제시된 보육실습에 관한 주요 서류는 예시자료이므로, 보육교직원 통합정보(https://chrd.childcare.go.kr/ctis/index.jsp)_자료실_서식자료_양성교육기관에서의 보육실습지도 서식자료를 찾아보기 바란다.
2. 보육실습은 그 기준이 강화되어 왔으므로, 보육실습을 실시하는 연도의 보육실습 기준을 찾아보기 바란다.

찾아보기

ㅅ

ㅇ

ㅈ

ㅊ

ㅌ

ㅎ

기타

A U T H O R

저자소개

성영화

성균관대학교 아동학과(유아교육전공)에서 과정을 이수하여 철학 박사학위를 취득하였다. 현재는 백석대학교 유아교육과 학생들에게 보육실습 교과목을 지도하고 있다. 집필한 저서로 아동권리와 복지, 보육교사론, 아동건강교육 등이 있다.

한주희

중앙대학교 유아교육과(유아교육전공)에서 과정을 이수하여 문학 박사학위를 취득하였다. 현재는 백석대학교 유아교육과 학생들에게 보육실습 교과목을 지도하고 있다. 집필한 저서로 유아 논리 및 논술, 유아놀이지도 등이 있다.

6주 보육실습 길잡이

초판 1쇄 인쇄 / 2024년 7월 1일
초판 1쇄 발행 / 2024년 7월 5일

●

공저자 / 성영화 · 한주희
발행인 / 이 중 수
발행처 / **동 문 사**

●

서울특별시 서대문구 홍제원 1길 12
(홍제동 137-8)
Tel: 02)736-3718(대), 736-3710, 3720
Fax: 02)736-3719
등록번호: 1974.04.27. 제9-17호
가격: 18,000원

●

ISBN: 979-11-6328-601-1 (93370)
E-mail: dong736@naver.com
www.dongmunsa.com